マイナビ新書

円安はいつまで続くのか

為替で世界を読む

石川久美子

マイナビ新書

はじめに

2025年に入り、金融市場全体が米国のトランプ大統領の一挙手一投足に一喜一憂するという展開が続いています。2017年から4年間の第一期政権の時は、トランプ氏が「関税」を武器に貿易戦争の口火を切ったのは、就任2年目からでした。しかし今回の第二期政権では、就任前から関税を振りかざし、領土問題に発展する言動も散見されており、前政権時よりもかなり速いペースで成果を獲得しようとしているようです。

トランプ氏の第一期政権の時は景気回復期にもかかわらずインフレが比較的抑制されていた一方、今回は景気減速期である上にインフレの抑制が難しい状況で、経済環境がずいぶん違います。今回の経済環境の方が、トランプ氏にとっては「難しい局面」と言えそうです。

トランプ氏の動きは、世界経済に影響します。日本も例外ではなく、大統領就任後2カ月で、すでに鉄鋼・アルミニウム製品に対する追加関税の影響を受けています。また、米国への輸出のために多くの日本企業はカナダやメキシコに工場などをもっていますが、トランプ氏は両国への懲罰的な関税賦課を計画しており、不安材料は尽きません。

ここ数年にわたり、日本に住む我々は物価高に直面してきました。特に2022年以降は急激に円安が進んだことで物価の上昇に拍車が掛かり、テレビのニュースなどでも「円安」が頻繁に取り上げられるようになりました。そのドル円相場も、2024年夏場に一時162円に迫る水準を付けた後、一旦は円安が一巡したようにも見えます。はたして、これで円安は終わったのでしょうか。今後は円高が続いていくのでしょうか。

この本を手に取ってくださった皆さんの中には、ここ数年の円安の進行を受けて、外国為替相場の動向が日常生活に影響している様子を感じ取り、先々の日本経済への影響に対して不安を感じている方もいらっしゃるのではないでしょうか。

人間は必ずしも経済合理性に沿った動きをしません。先進各国の首脳であっても、感情的に物事を動かすことがあります。政変などはまさに国民感情の爆発が世を動かす例でしょう。戦争も、実行するのはその国の政府ですが、その判断の大本には国民感情があります。そしてこの感情的な人間が取引を日々行う金融市場も、とても感情的なものだと私は考えています。

ただ、感情というのは移ろいやすいものです。皆さんが日々、ニュースで見ている外国為替相場の動きは、金融政策の行方やトランプ氏の行動・発言を受けた市場の感情交じりの「その日の値動き」もしくは「ここ最近の値動き」であることが多く、そのわかりにくさ、複雑さ、そして市場自体の「情報の受け止め方の変化（＝変わり身の早さ）」に不安を覚えることもあるかもしれません。

だからこそ、外国為替市場の性格を知り、これまでの経緯を知り、各国の構造要因等の大局的な視点を失わないこと、自分がどのようにそうした情報を受け止めて行動するか「準備」しておくことが大事になってくるのではないでしょうか。足場がしっかりしていれば、大きな相場の強風が来ても、ある程度安定感をもって受け止めることができるからです。

この本では、なるべくさらりと外国為替相場についておさらいしつつ、これまでの経緯や足下の状況の説明と、これからに向けて考えられることを整理してみました。

第一章ではまず、2020年以降にどのような世界の情勢の中でドル円相場では円安が続いてきたのか、日本の物価が推移してきたのか、等を時系列で説明しています。何があったか、をしっかり知りたい方にはぜひ、第一章からお読みいただきたいと思います。

しかし、こちらは少々難解な金融・経済に関する言葉なども多く出てきます。発生した事象も複雑なため、読みにくい部分もあるかもしれません。そう思われた方はぜひ、第二章からご覧いただければと思います。外国為替レートとはいったいどんなものなのか、外国為替相場がどんなところなのか、どのように動いているのかなどを説明しています。

第三章では、超長期のドル円の歴史に触れ、よく個人投資家さんに聞かれる「円の適正水準」についてや、直近数年の円安の原因についてよく言われている説などについて書き記しました。

第四章では、日本にとって円安はメリットなのか、デメリットなのかを経常収支の部分から考えてみました。さらに第五章では、この本の大きなテーマである「円安は終わったのか」について触れています。

第六章では、地政学リスクを金融市場がどのように受け止め、どのようなリスク回避行動が起こるのかなどを主軸とし、第七章ではどのような状況でも前向きに進んでいけるよう、情報やリスクとの付き合い方について、私の考えを述べさせていただきました。

今後、皆さんがニュースなどを見て外国為替相場とその影響などを理解しやすくするための土台として、本書をご活用いただければ幸いです。

円安はいつまで続くのか
為替で世界を読む

目次

第一章　生活が苦しい！　なぜ円安が進み、なぜ物価は上がったのか？

第二章　そもそも「円安」ってどういうこと？

第三章　ドル円レートの「水準」をどう捉えるべきか

第四章　円安は善なのか？　悪なのか？

第五章　円安は終わったのか？

第一章

生活が苦しい！
なぜ円安が進み、なぜ物価は上がったのか？

新型コロナとロシアのウクライナ侵攻がもたらしたインフレ

通常、景気は良くなったり悪くなったりするものです。景気が良くなると賃金が上がり、購買意欲が増す中で物の需要が上がり、物の値段が上がる。インフレが過剰に進まないよう、中央銀行は利上げを行い、借り入れをしにくい環境にしていく。そうすると、過剰な購買意欲が減退し、徐々に物の需要も低下し、物価は低下。景気が悪化していきます。

景気が悪化すると、中央銀行は利下げを行い、借り入れしやすい環境にしていく……というのが最も基本的な物価と景気の循環になります。日本は長年にわたり、「なかなか物価が上がらない国」でしたが、その日本でさえも、ここ数年でインフレが進行しました。この大きなきっかけとなったのは、2020年からの「新型コロナウイルス」、そして2022年に始まった「ロシアのウクライナ侵攻」でした。

2018年初め以降、世界的に景気が減速し、2019年半ば以降、世界各国の中央銀行は金融緩和によって景気をサポートしました。その結果、2019年末から2020年初めにかけて、景気の底打ち感が広がりました。2017年に米国でトランプ大統領が就任し、2018年から世界経済を大いに混乱させた米中の貿易戦争についても、2020年1月に両国が貿易協議の第一段階合意に至ったことで、安心感が出たところでした。

ここから、世界的に景気が冷え込んでもおらず、過熱してもいない、「ちょうど良い」状態である「ゴルディロックス（＝適温）経済」になっていくという期待が広がっていた中、事態を一変させたのが「コロナ禍」です。

新型コロナウイルスの世界的な感染拡大「パンデミック」により、多くの国々が感染拡大防止のための「ロックダウン」と呼ばれる行動制限措置に踏み切りました。これにより、世界的に人々の移動が極端に減少し、サービスへの需要が急激に縮小。各国の景況感指標はこれまでに見られないほど悪化し、多くの国のインフレ率は急減速しました。

ただ、各国政府は3月に緊急で経済対策を打ち出し、各国の中央銀行も大規模な金融緩和を実施して、景気支援に動きました。各国の2020年4～6月期国内総生産（GDP）は太平洋戦争後最大の落ち込みと言える水準でしたが、5月以降は米国のロックダウン解除を皮切りに、少しずつ人の移動が再開するにつれて、景気は徐々に底打ち。

もちろん、新型コロナウイルスの感染拡大は、第二波・第三波と続きましたが、2021年に入ると米国はそれまでの財政出動の効果もあって顕著な回復を示し、欧州もこれに続きました。こうした中でモノの需要が急回復した一方、アジアに関してはワクチン普及の遅れもあり、クラスター感染などによって工場生産が一部でストップした他、中国で電力不足から工場が操業を停止したりするなど、サプライチェーンにネガティブな影響が波及。エネルギー価格の高騰などもあり、欧米では急速に物の値段が上がりました。

図1　主要各国の消費者物価指数(CPI、前年比)

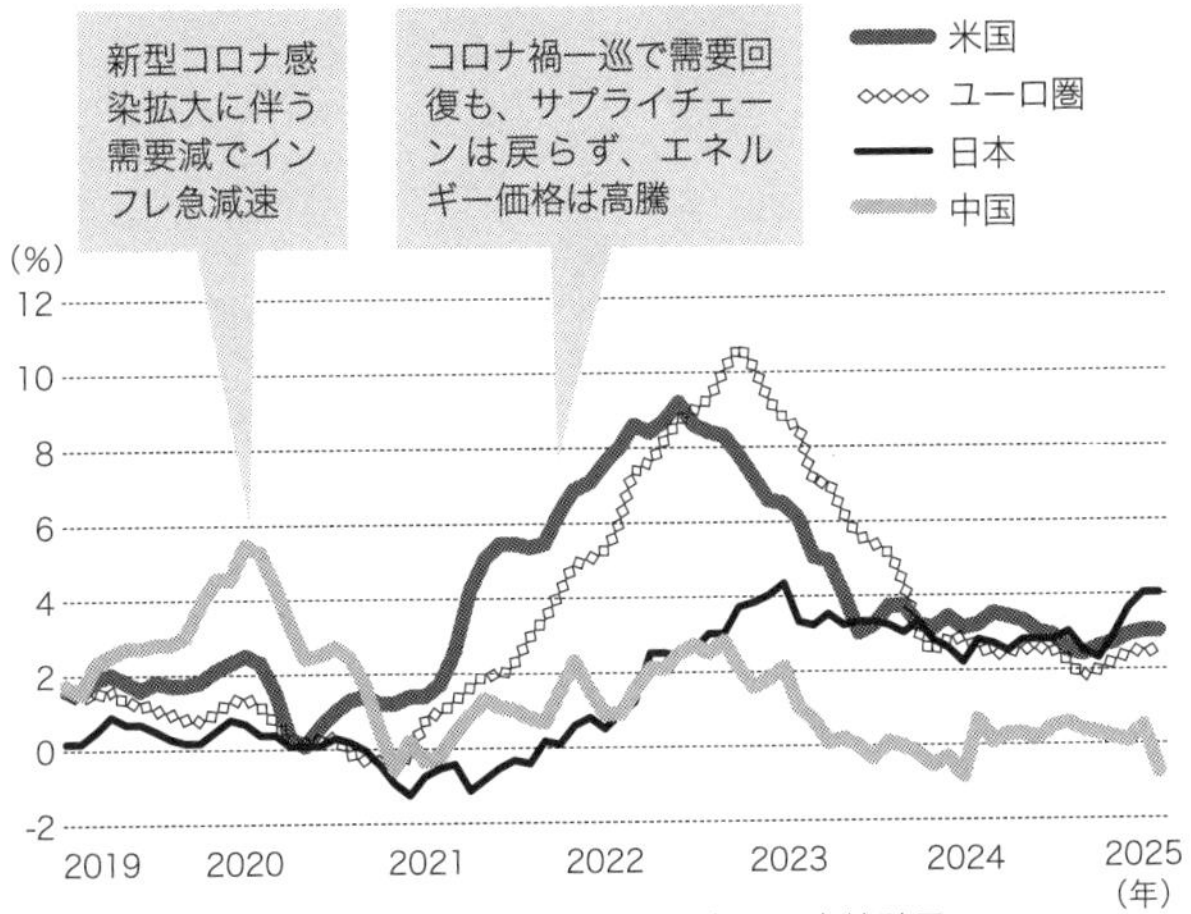

出所：総務省、米労働統計局、EUROSTAT、中国国家統計局

図2　主要国実質GDP成長率(前年比、四半期ベース)

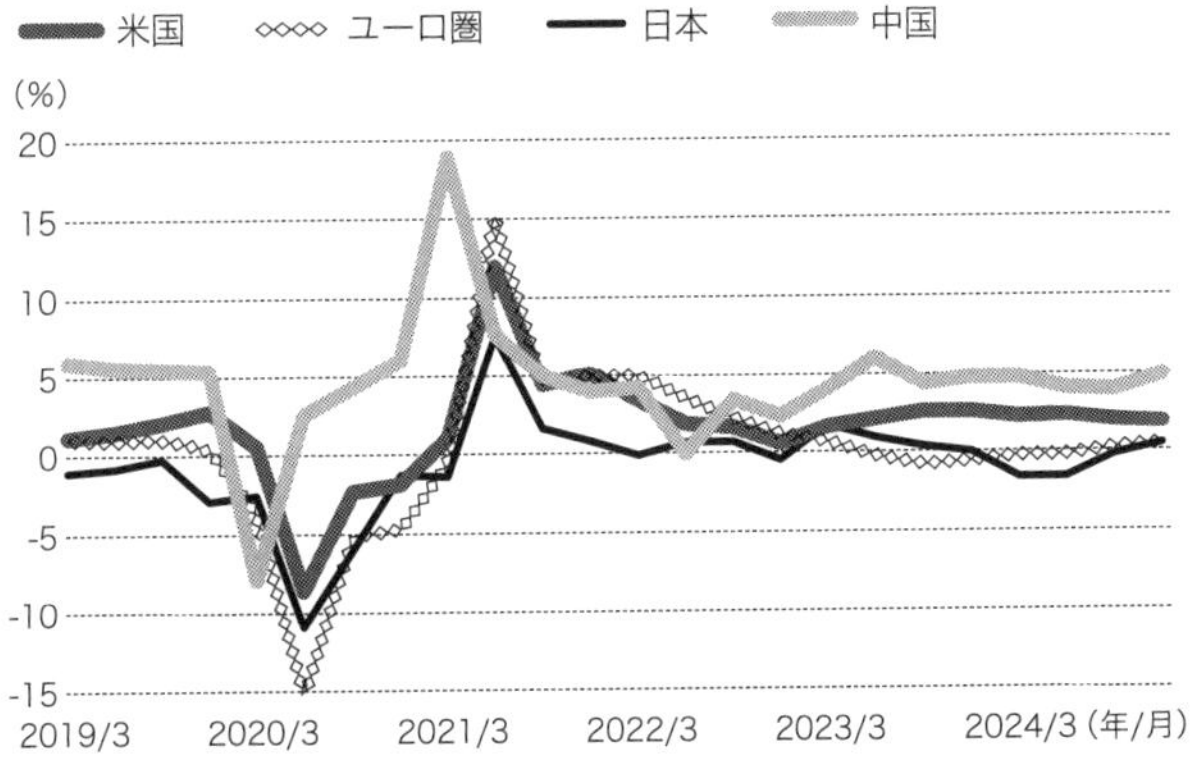

出所：経済社会総合研究所、米経済分析局、EUROSTAT、中国国家統計局

財インフレからサービスインフレ、そして金融引き締めへ

２０２１年当時、「供給制約」由来のインフレは、アジアでの工場操業再開などによって徐々に解消され、一時的なものに留まるという見方が主流でした。しかし、こうした思惑をひっくり返したのが、２０２２年２月にロシアが開始した「ウクライナ侵攻」です。

国際通貨基金（ＩＭＦ）によると、２０２１年ベースで世界のＧＤＰにおいて、ロシアは全体の１・８％（約１・８兆ドル）、ウクライナは０・２％（０・２兆ドル）であり、経済規模としては両国ともに大きいとは言えません。しかし、ロシアは原油や天然ガスなど鉱物燃料、プラチナやパラジウムなどの貴金属、ニッケルやアルミニウムなどの非鉄金属、小麦やトウモロコシの世界有数の輸出国です。

ウクライナも小麦・大麦・トウモロコシなどの穀物の他、集積回路の製造過程で使用される希ガス・ネオンガスの輸出国として知られています。この２カ国に

よる戦争は、単に経済規模という話ではなく、様々なモノの供給に危機的な影響を及ぼすことになります。これにより、原油先物価格は一時1バレル130ドル台半ばまで急騰。その他の資源価格も軒並み上昇しました。

実はこのロシアによるウクライナ侵攻の少し前から、インフレは財のみならず、サービスにも波及する動きが世界で散見されていました。財のインフレ上昇が次第に、賃金や住居費などを押し上げる要因となったためです。

2021年10月にニュージーランドの中央銀行であるNZ準備銀行が、同年12月に英国のイングランド銀行がそれぞれインフレを抑制するために金融環境を引き締める目的で政策金利の引き上げ（利上げ）を開始。日本と中国以外の先進国も利上げのタイミングを計っていた中で発生したのがこの戦争であり、金融市場ではこれに伴う資源価格の高騰が財価格を再度押し上げ、一連のインフレ高進に拍車を掛けるのではないかとの懸念が広がりました。

そして2022年3月に米国の中央銀行にあたる連邦準備制度理事会（FR

図３　商品価格指数（CRB指数）

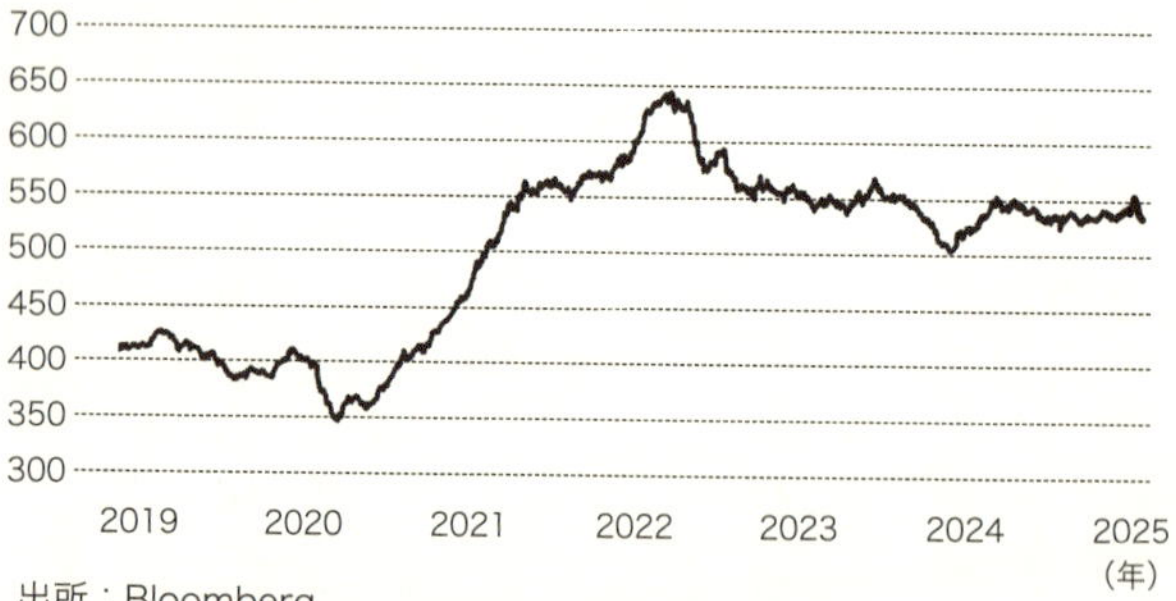

出所：Bloomberg

図４　主要各国の政策金利

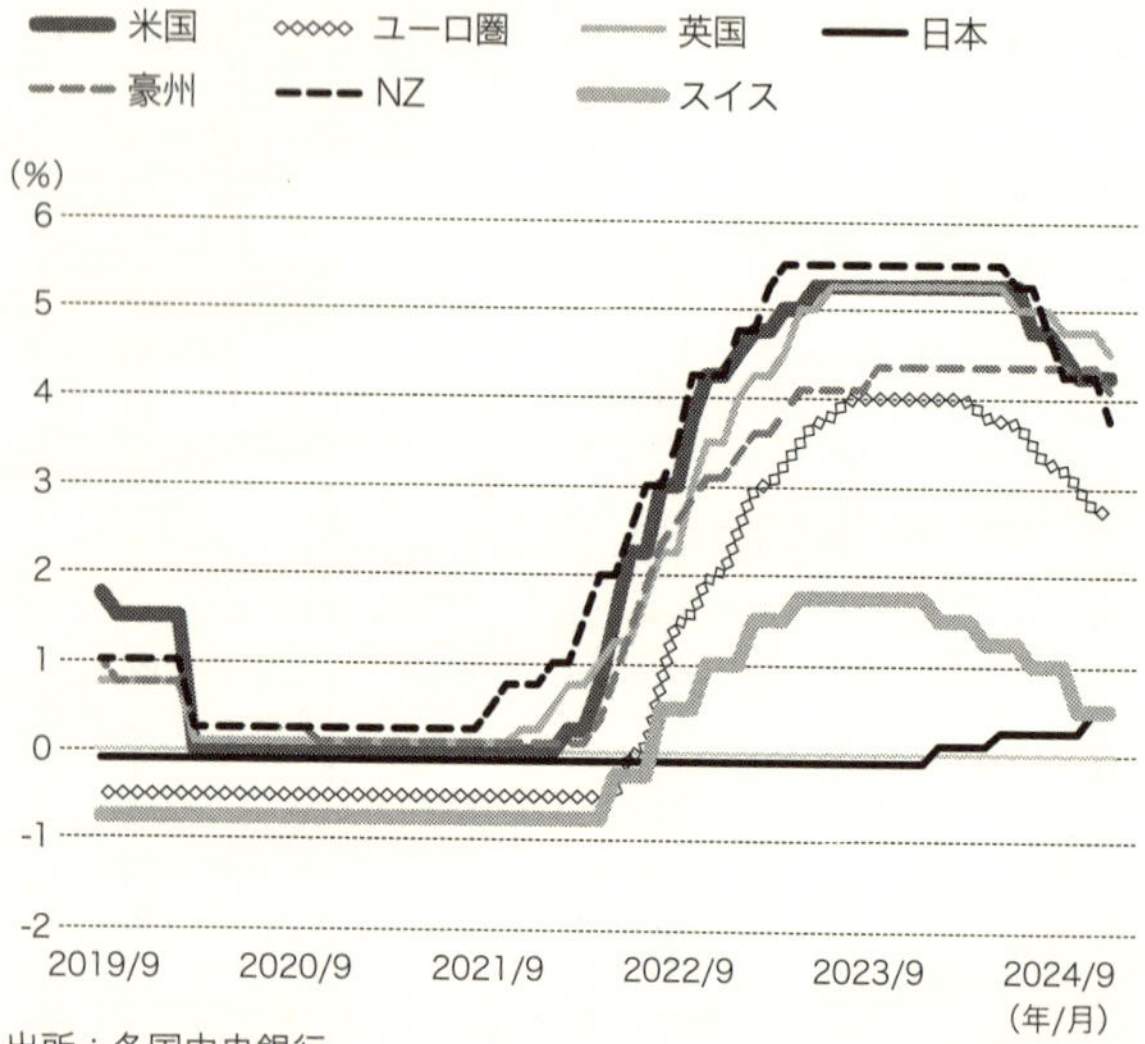

出所：各国中央銀行

B）が利上げを開始。翌4月にはカナダ銀行が、5月には豪州準備銀行が、6月にはスイス国立銀行が、そして7月にはユーロ圏の欧州中央銀行（ECB）が、追随して利上げフェーズに入りました。

「金利差」の拡大を受けて円安が進行

先進各国が2021年末以降、インフレを理由に利上げを開始した一方、日本は金融政策を長期にわたり緩和状態を維持しました。これはインフレが比較的低い水準で推移し続けていたためです。

日本の中央銀行である日本銀行（日銀）は、2016年以降、民間の金融機関が預けている「日銀当座預金」の残高の一部に▲0・1%のマイナス金利を適用するとしました。これは当時、不景気が続く中で、景気を刺激する対策として決定されたものです。日銀に対して銀行が預けている預金金利がマイナスとなるため、銀行が日銀に預けるよりも企業などへの貸付や投資に資金を向かわせようとする動きを加速させ、結果として経済を刺激する、というのが狙いの政策でした。

ただし、このマイナス金利政策によって国債の長期金利が低下しイールド・カーブ（利回り曲線）が低水準でフラット化しました。これは金融機関が預金から得る利息の減少を招き、金融機関の収益が悪化。これを改善するため、日銀は同年9月にイールド・カーブ・コントロール（ＹＣＣ）という政策を導入しました。これは、10年金利（長期金利）を0％程度に誘導するというもので、イールド・カーブが過度にフラット化するのを予防する措置でした。

日本が様々な手段を駆使して緩和的な金融政策を続けていた一方、２０２２年3月に米国が利上げフェーズに舵を切り、他の先進国も金利を引き上げ始めたことで、日本と海外の「金利差」が注目されるようになりました。

信用力が同程度の国同士を比較した場合、金利の低い国で資金を運用するより、金利の高い国で運用したほうが、金利収入を多く取れます。それを狙い、教科書

図５　金利差益・為替差益の考え方の例

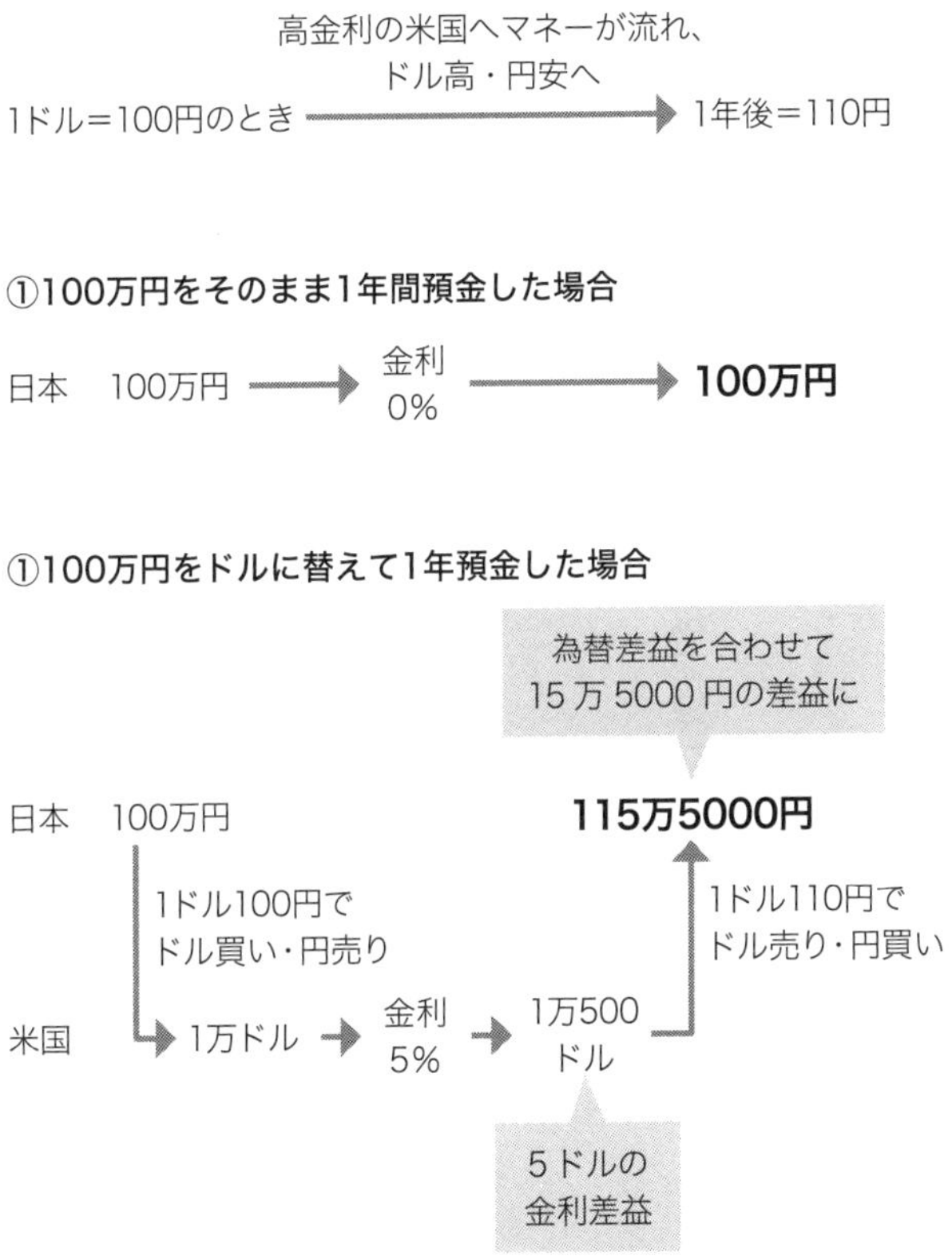
高金利の米国へマネーが流れ、
ドル高・円安へ
1ドル＝100円のとき
1年後＝110円
①100万円をそのまま1年間預金した場合
日本　100万円
金利
0%
100万円
①100万円をドルに替えて1年預金した場合
為替差益を合わせて
15万5000円の差益に
日本　100万円
115万5000円
1ドル100円で
ドル買い・円売り
1ドル110円で
ドル売り・円買い
米国
1万ドル
金利
5%
1万500
ドル
5ドルの
金利差益

的には図5のように低金利の国からは資金が流出し、高金利の国に流入する傾向があります。これにより、低金利の国の通貨は売られるため下落し、高金利の国の通貨は買われるため上昇することになります。つまり、「金利差」狙いのトレードは結果的に、金利の差益と為替の差益の双方が取れる可能性があるのです。

海外がインフレ抑制のために利上げを継続的に行う一方、日本では低インフレが続いたことで金融政策を引き締めに転換できなかったために金利差が拡大。それにより、この金利差益狙いのトレードが加速し、円安の進行が加速することになりました。

輸入物価が押し上げられ、日本でも価格転嫁が活発化

円安が進行すると、日本の輸入物価の伸びが加速していきました。輸入物価自体は2021年から上昇していたのですが、企業が価格転嫁をなかなかできず、

実際の生活に影響する消費者物価指数（CPI）の上昇に繋がっていませんでした。しかし2022年の春以降は、世界的な資源価格の高騰が円安によってさらに増幅される形で輸入物価の伸びを加速させたことで、企業も耐え切れず、販売価格への転嫁を開始したのです。

日本のCPI総合は2022年4月以降、2％を超え、その後も伸びは加速し続け、同年12月には4％にまで達しました。ただし、日銀が金融政策を運営する上でより重要視している、ブレの大きい生鮮食品やエネルギーを除いたコアコアと呼ばれる指数は9月にやっと2％を超える程度でしたし、依然として日本経済は強いと言える状況ではありませんでした。日銀は「持続的・安定的な2％物価目標の実現」に十分な確信が持てない中で、緩和的な金融政策の転換には非常に慎重な姿勢でした。

一方、2022年のドル円相場はというと、同年10月にかけてドル高・円安が進行。9月22日の2・8兆円規模など本邦政府・日銀による円買い・ドル売り介入も複数回入りましたが、10月には1990年7月以来となる151円95銭の高値を付けました。世間で日本の円安が話題になることが増えたのは、この2022年3月から10月半ばにかけてのタイミングです。この間、検索エンジンにおける「円安」の検索数も大きく伸びました。

もっとも、翌11月に米国のCPIが市場予想を大きく下回ったことで、米国では「2023年の比較的早い時期に利上げフェーズが終わり、金融政策が利下げ方向に転換するのでは」との観測が急速に拡大したことがドル安要因となり、ドル円は一旦失速（通称「逆CPIショック」）。さらに翌12月、日銀が10年債利回りの変動許容幅を、これまでの±0・25%から±0・50%に拡大しました。日銀はこのYCC政策の修正を「市場機能改善」が目的であるとしましたが、市場は「事実上の利上げ」と受け止め、円高が加速。ドル円は2023年1月にかけて一旦127円台まで軟化しました。

ただし、その後の経済データから、金融市場や米FRBの見通し以上に米国経

図6　日本の消費者物価指数（CPI）と輸入物価指数（前年比）

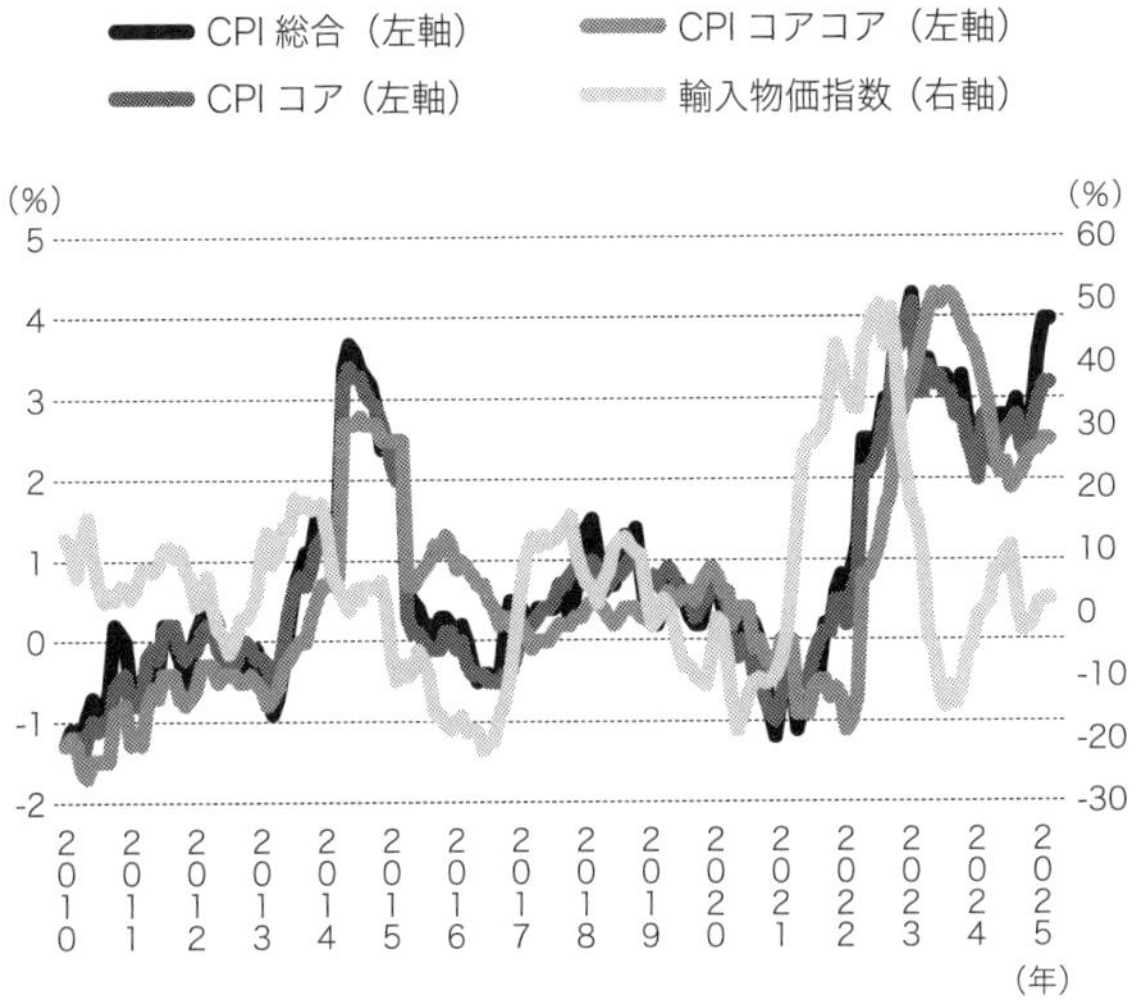

出所：総務省、日銀

済が強く、インフレの鈍化ペースが遅いことが明らかになっていく中で、米国の利下げ開始時期が遠のくとの見方が拡大。ドル円は同年2月以降、再びドル高・円安に向かいました。

植田新日銀総裁による日銀の政策転換

２０２３年2月以降、米国経済の強さを再評価する形でドル高・円安が進む一方で、日本では、日銀が注目する生鮮食品およびエネルギー価格を抜いたＣＰＩ（コアコア）の伸びも、遅ればせながら加速。２０２３年４月には前年比４％を突破しました。この物価上昇の中で、第32代日銀総裁として就任したのが、経済学者で日銀審議委員の経験もある植田和男氏です。

市場では、黒田東彦前総裁が推し進めてきた未曽有の金融緩和策である通称「異次元緩和」を植田氏が継承するかが注目されていました。そして迎えた４月就任時の記者会見で、植田新総裁は「現行のYCCを維持することは妥当」とコメント。これにより、市場は「当面は緩和的な政策が継続されるだろう」と受け止め、ドル円には円安圧力が掛かることとなりました。

植田総裁が緩和的な金融政策の解除に慎重になったのはわけがあります。就任当時、企業の景況感をはかる日銀短観は依然減速傾向、つまり景気は弱い状態でした。金融緩和策をやみくもに解除すれば景気をさらに冷え込ませてしまう懸念があったのです。また、円安やエネルギー価格高を背景とする輸入物価は2022年中ごろをピークに前年比で減速傾向にあったこともあり、徐々に物価を押し上げる力も減退していくのでは、との見方もあったため、焦って利上げを実施するのがためらわれる状況でもありました。

ただ、2023年前半も米国の利上げが続く中で米国の長期金利が上昇したことにより、他の先進国の長期金利にも上昇圧力が掛かりました。日本でも同様に長期金利に上昇圧力が掛かり、もはやYCC上限の0・5%付近で抑えるのが困難になりました。無理に金利上昇を抑え続けると、実質金利低下に拍車が掛かり、円安が加速して、輸入物価を再び押し上げてしまう恐れすらありました。

そうした経緯がある中で、同年7月に日銀は長期金利が0・5％を超えることを許容するとし、ＹＣＣの変動許容幅を事実上1％まで拡大させました（日銀は1％を「念のための上限」と説明）。ＹＣＣの変動許容幅を拡大し、長期金利の上昇を許容することは、基本的には円高要因です。しかし、この7月のＹＣＣ修正の際には、市場では「そうは言っても日米の金利差は非常に大きい」と受け止められ、あまり円高にはなりませんでした。

ただし、11月に入ると米国の主要経済指標に弱いものが目立つようになり、「早期に利下げフェーズ入りするのでは」との見方が再浮上。さらに、日銀がＹＣＣについて、1％を上限ではなく「めど」とし、一定程度超えることを容認することを発表しました。これらがドル安・円高要因となり、2023年の年末にかけて、ドル円は140円ちょうど付近まで値を下げました。

「賃金と物価の好循環」を目指して

植田日銀総裁は2023年11月の時点で、国内のインフレについて、輸入物価上昇の価格転嫁による物価上昇圧力を「第一の力」と呼び、これはコモディティ価格の下落や円安の一巡により、徐々に減衰していくことを予想しました。

ただ、だからと言ってインフレがすぐに鎮静化していくというわけではなく、今後については「景気回復の下で賃金と物価の好循環」が発生するかが重要なポイントになることを指摘しました。これは、景気が回復していく中で物価を上回るペースで賃金も上昇し、これが企業の価格設定行動（人件費の販売価格への転嫁、第二の力）につながりつつも、人々が消費行動を活発化させて、さらに景気が回復していく……という循環です。

厚生労働省の「令和5年版　労働経済の分析―持続的な賃上げに向けて―」によると、日本の一人当たり名目賃金は1990年代後半以降、概ね減少傾向で推移していいます。日本の賃金が上がらなかった理由としては、以下の5つの理由があると説明されています。

①企業の利益処分の変化…経済の先行き不透明感が強い中で内部留保を増加させ、賃上げに踏み切れなかった可能性（賃金は一度上げると下げられない）
②労使間の交渉力の変化…企業の交渉力の方が高く、賃金押し下げ効果が高まる
③雇用者の構成変化…産業構造や年齢構成の変化、パート労働者の増加などが賃金を下押し
④日本型雇用慣行の変容…大企業において大卒の長期雇用者の昇進が遅れている
⑤労働者のニーズの多様化…賃金より労働条件を重視するようになり、相対的に賃金の重要性が低下

この中でも特によく話題にのぼる要因が①です。

日本の実質GDP（国内総生産）は長期にわたって低迷していますが、これは企業の設備投資や家計消費の伸びが見られないことが背景にあると見られています。先行きについて不透明感が高い中、企業の設備投資が抑制され、労働生産性が改善しなかった結果、賃上げが抑制され、可処分所得も伸びないことで、日本の経済成長を妨げていたという流れです。

この企業の設備投資の妨げになった「先行き不透明感」の払拭が、長きにわたって課題でした。ただ、コロナ以前はインフレ率が非常に低い水準で抑えられていたので、賃金が上がらなくても何とか生活できてしまっていたのです。

しかし2022年以降、資源価格上昇と円安の同時発生によって日本でも強まった「コストプッシュ・インフレ（コスト増が主導するインフレ）」によって、名目賃金から物価を引いた「実質賃金」は大幅にマイナス状態となっていました。これはつまり、実質可処分所得がシンプルに減少しているということです。これによって、生活は厳しさを増し、人々のインフレに対する悪感情が噴出。インフレの犯人捜しの中で「円安」と、それを引き起こした要因の一つである低金利に対する批判が集まったと考えられます。

とはいえ、実際に問題なのはインフレそのものというよりは、賃金が上がらず、実質賃金が減少したことにあります。だからこそ、日銀も「第二の力」による「賃金と物価の好循環」を重視したのです。物価を上回るほど賃金が上がって人々の消費も活発化し、それによって物価が上がる「ディマンドプル・インフレ（需要増が主導するインフレ）」であれば、その後の賃金引き上げに繋がり、景気にとってプラスと言えるものになります。

インフレが進んでいく中で、賃上げをしない企業に対する風当たりも強まり、2023年春の春闘では、多くの大企業が賃上げに動きました。ただ、賃上げが一時的では「好循環」にはなりません。継続的なものになるかどうか、日銀は見定める必要がありました。

図7　日本の金融政策修正の変遷表（2023年以降）

2023年4月	植田和男氏の日銀総裁就任
2023年7月	YCC修正（変動幅を「±0.5%程度」→「±0.5%程度を目途」）
2023年10月	YCC修正（変動幅の目途を「±1.0%程度」へ）
2024年3月	マイナス金利解除（政策金利を「0～0.1%程度」へ）
2024年6月	国債買い入れの減額方針を決定
2024年7月	政策金利を0.25%へ引き上げ
2025年1月	政策金利を0.50%へ引き上げ

図8　実質賃金総額（前年比）

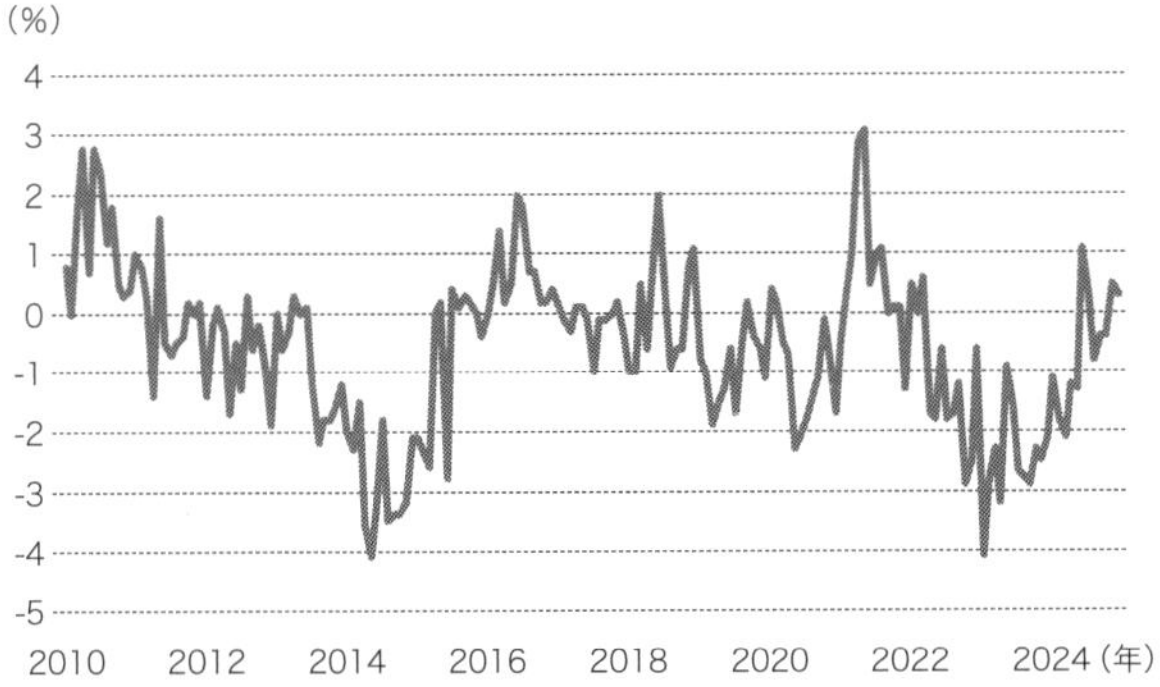

出所：厚生労働省

賃上げ・利上げでも円安!?

２０２３年中は利上げに対して慎重な姿勢を保っていた植田日銀総裁でしたが、２０２４年に入ると様子が変わってきました。１月の展望レポートでは「物価目標に向けた見通しが実現する確度が高まっている」として、従来の「見極める必要がある」という文言は削除。「見極め期」は終了し、「見通し」が実現するかどうかの部分を軸に政策判断をする、そしてその見通しの実現確度が高まっているとのメッセージでした。そして、３月の金融政策決定会合では、

①マイナス金利政策の解除（政策金利を無担保コールレート（オーバーナイト物）に戻した上で、この誘導目標を０・０〜０・１％にする）
②ＹＣＣの撤廃
③上場投資信託（ＥＴＦ）とＪ―ＲＥＩＴ（不動産投資信託）の新規買入れを

停止

が決定されました。

　こうした決定の背景について、日銀は理由の一つとして、春闘の途中経過から「賃金と物価の好循環の強まりが確認できた」と説明しました。企業については、2022年以降、コロナ禍からの経済回復の一方で「人手不足」が深刻化。コストプッシュ・インフレの影響で物価が上がっていたこともあり、もはや従来の給与だと人が集まらず、「人手不足」を理由とした倒産件数が急増傾向にありました（図9）。

　また、国際間の人材獲得競争においても日本企業は後れを取っており、こうした中で賃金上昇圧力が掛かり続け、2023年に続き、2024年も賃金は上昇しました。2024年春闘の最終集計によると、基本給を底上げするベースアップ（ベア）と定期昇給を合わせた平均賃上げ率は5・10％と、2023年から

図９　人手不足倒産年間推移

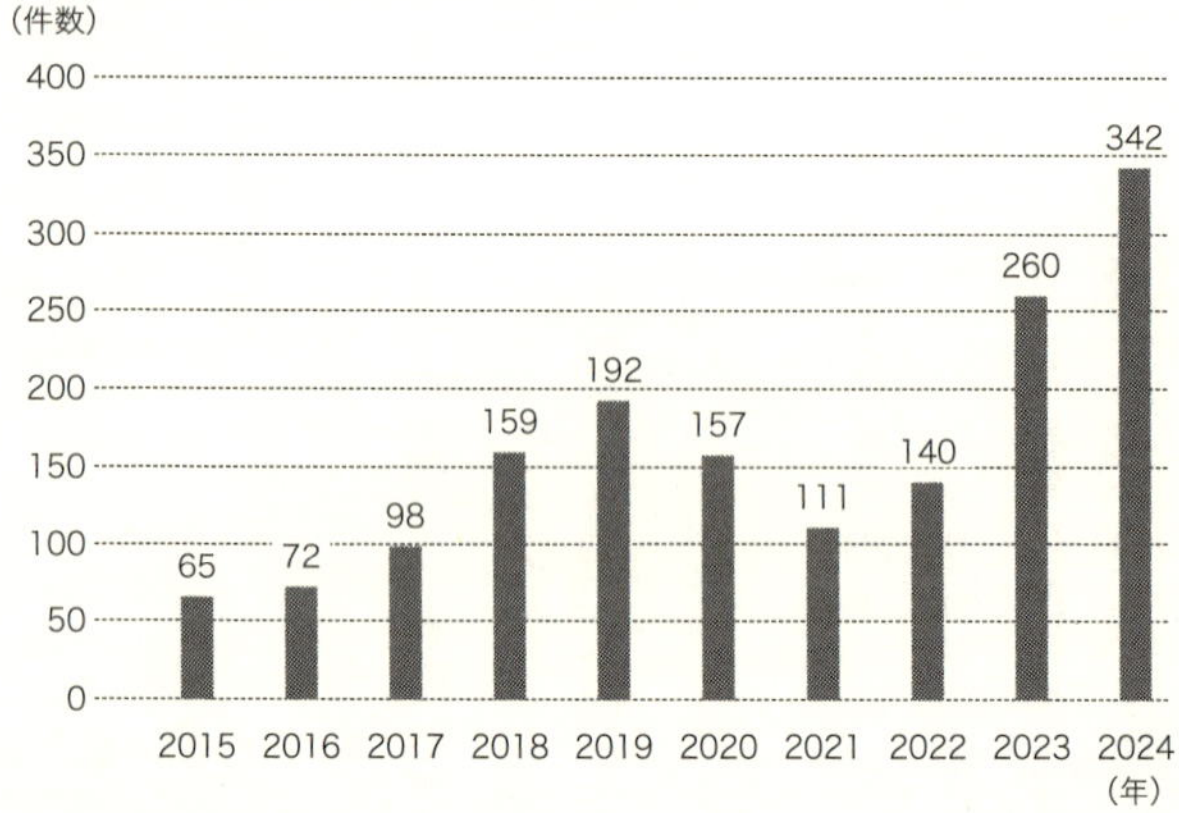

※法的整理（負債1000万円以上）となった企業のうち、従業員の離職や採用難等による人手不足が要因となった倒産
出所：帝国データバンク

引き上げが加速。1991年（5・66%）以来の高水準となりました。

ただ、こうした賃上げは大企業が中心です。日本の労働者の約7割が雇用されている中小企業は賃上げで後れを取っており、これが今後追いついてくるのか、そして、依然マイナスだった実質賃金が改善し、消費に繋がっていくかなど、見極めるべきポイントが複数ある中で、追加利上げの目処が立ちにくい状態でした。

7月、日銀は国債買い入れ規模の減額（それまでの月6兆円から各四半期4000億円程度ずつ減額し、2026年1－3月期には月3兆円程度へ）と、政策金利の引き上げ（0～0・1%↓0・25%へ）を決定し、金融環境はさらに引き締まりました。

しかし、本来は円高要因となるはずの日銀の政策変更にも関わらず、ドル円相場は年始から7月初めにかけてドル高・円安基調を辿りました。7月3日には1986年12月以来の161円95銭のドル高・円安水準を付けました。最大の理由は、米国の経済が市場関係者の多くの予想を裏切る形で底堅かったこと、そしてそれに乗っかる投機筋の動きです。

強い米経済と投機筋の動き

米国について、2024年初めの時点で市場では、これまでの利上げが経済を減速させ、早期に利下げフェーズに入るだろうとの見方が支配的でした。金利先物市場では年間8回の米連邦公開市場委員会（FOMC、金融政策を決定する会合）のうち、6回以上において利下げに踏み切ることが織り込まれているほど、先行きに対しては悲観的な見方が広がっていました。前述の通り、2023年11月以降、弱い経済指標結果が目立っていたためです。しかし、2024年に入り発表された経済指標の結果は予想外に強いものが目立ち、市場の「利下げ開始予想」の時期は、どんどん後ろにずらされる展開となりました。その中で、ドル高圧力が復活します。

日銀も２０２４年に入ってから金融政策を引き締め方向に転換したわけですが、米国が想定よりも長期にわたって金利を高い水準に据え置くのであれば、日本がゆっくり利上げに転じたとて、大きな金利差はなかなか縮まりません。その中で投機筋は「キャリートレード」という、低金利の通貨建て資産を売って、高金利の通貨建て資産を購入し、その金利差益を得るという取引を積極的に行いました。つまり、円を売ってドルを買う、という取引を加速させたのです。

その間、日本の政府・日銀は円買い・ドル売り介入を散発的に実施し、ドル高・円安の進行にブレーキを掛けようとしました。実体経済による裏付けのない、投機的な動きによる過度な値動きは看過できないという立場での措置でした。しかしこれでも、ドル高・円安のペースを減速させることこそできたものの、基調そのものを転換させることはできませんでした。

そんな中、２０２４年7月11日以降、ドル円相場が突如、ドル安・円高方向へ転換する場面が見られました。きっかけは米国のＣＰＩの予想以上の減速です。

図10　2024年のドル円相場

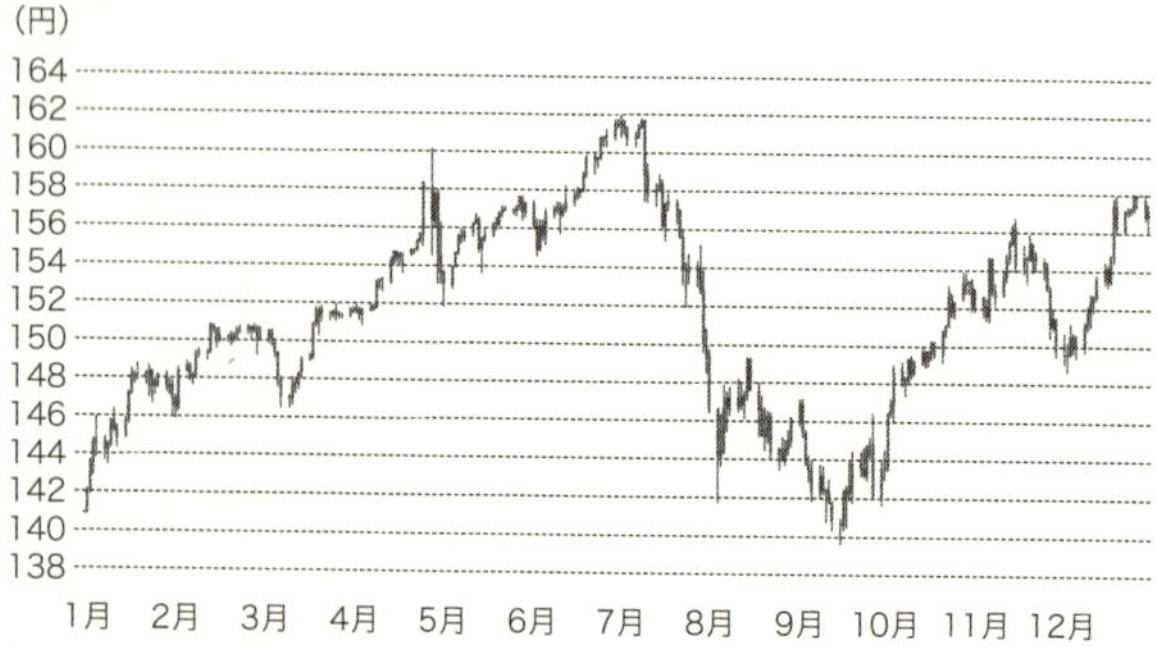

出所：bloomberg

図11　シカゴIMM円ポジション

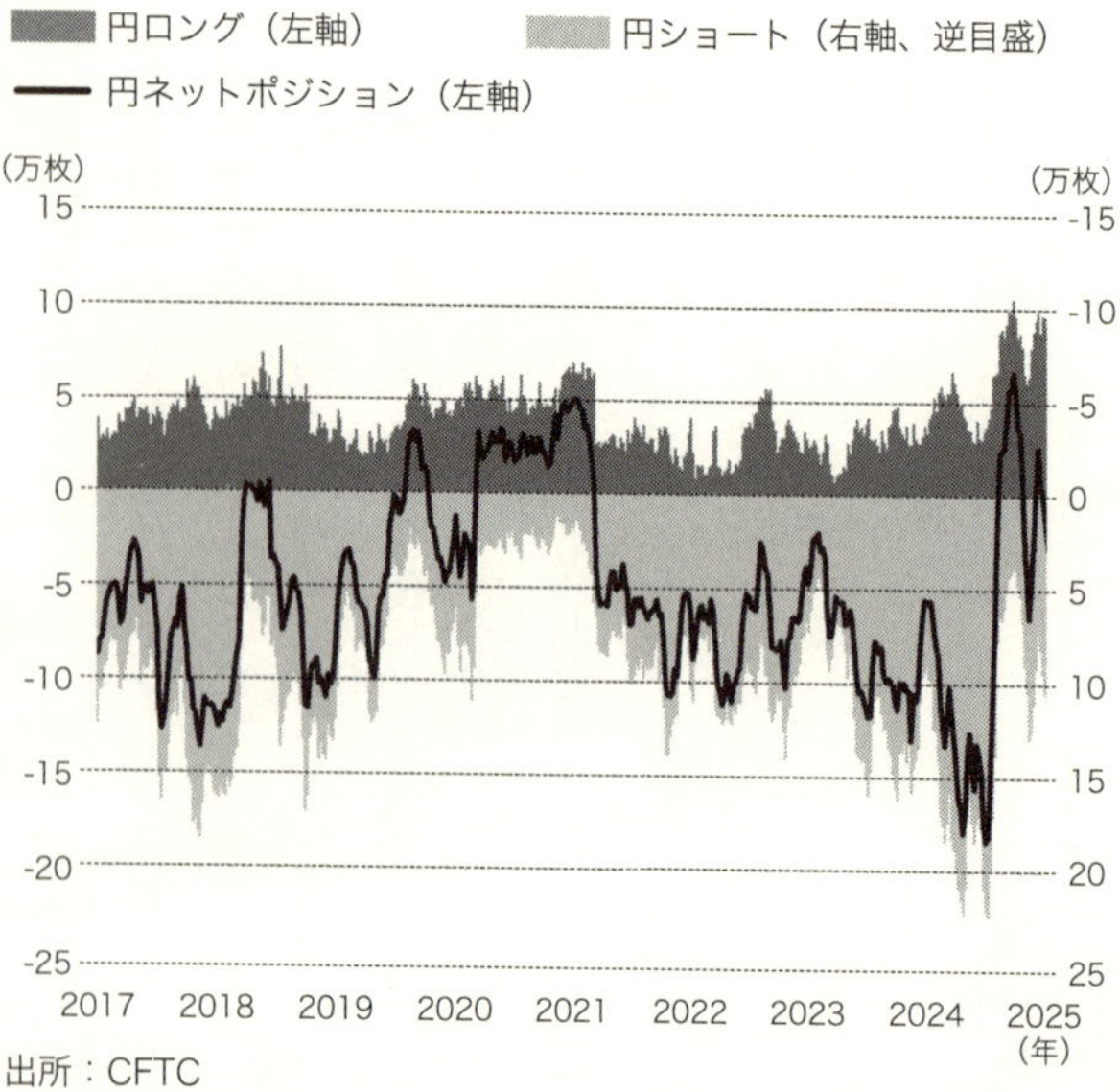

出所：CFTC

これに加え、7月末の米FOMC後の記者会見で、FRBのパウエル議長がインフレよりも労働市場の減速について懸念をし始めたことや、8月上旬に発表された米国の雇用統計が弱い結果だったことを受けて、米国経済に対する市場の見方が一気に悲観に傾きました。

米国のFF金利先物市場では、5月から6月にかけては「年内に1～2回利下げできるくらいでは?」というタカ派的な見方でしたが、8月上旬から9月半ばにかけては年内残り3回のFOMCで「4～5回分」の利下げを織り込みました。なお、金融市場関係者は、1回の利上げ/利下げを0・25%ポイントずつと換算しています。つまり、この「会合の数以上の回数の利下げを織り込む」というのは、1回の会合で2回分(0・5%ポイント)の幅の大幅利下げを実施すると予想していることを意味します。

こうなってくると慌てるのが投機筋です。予想外に米国経済が弱っていることに市場が動揺する中、投機筋はこれまで対ドルで売っていた円を、一気に買い戻すという動きに走りました。それにより、ドル円相場は急激にドル安・円高へ転換。7月初めには162円に迫っていたドル円は、なんと9月半ばにかけて、139円50銭まで値を下げました。

もっとも、その後は再び米国経済について底堅い様子を示す経済指標データが続き、再び市場は先行きに楽観。さらに米国でドナルド・トランプ氏が大統領選に勝利したことで、彼の今後の政策に対する思惑から、2024年末にかけて、再びドル高・円安が進む展開となりました。

脱・コロナから始まり、ウクライナ侵攻で拍車が掛かった世界的な財インフレからサービスインフレ、それに伴う各国の利上げの中で、日本については物価上昇がある程度抑えられていたこともあり、低金利政策を継続した結果、内外金利差を背景とする円安が進行。資源価格上昇と円安が同時に起こる中で、徐々に日本でもインフレ圧力が高まると、上がらない賃金により実質賃金がマイナスとなり、生活が厳しくなりました。すると、インフレを加速させた円安、そしてその背景にある日銀の低金利政策に対する批判が集まりました。

　ただ、実際のところドル円相場における「円安」は、「ドル高」によって引き起こされた面も非常に大きく、コストプッシュ・インフレの大きな要因の一つではあったものの、人々の生活苦を招いたのは、長期にわたって賃金が上がらない状態となっていた日本社会の構造的な要因である部分が大きいです。

　さて、ここまでドル円相場の変動について、日米の金融政策や投機筋など様々な理由を説明してきましたが、実際のところ、外国為替相場とはいったいどのようなものなのでしょうか。

第二章
そもそも「円安」ってどういうこと?

外国為替レートとは

そもそも「外国為替」とは何なのか。ここを押さえないことには話が始まりません。

外国為替とは、ある通貨を別の通貨に交換するときの「交換比率」です。よくニュースで見かける「1ドル＝153円70〜71銭」もしくは「1ドル＝153・70〜71円」などが、まさにその交換比率で、円を1ドルと交換するときに153円70〜71銭を差し出す必要があることを示しています。この交換比率のことを「為替レート」と呼んだりします。

我々日本人にとって、最もメジャーな為替取引の相手が「米ドル」です。そのため、外国為替相場のニュースにおいて最初に紹介されるのが対米ドルのレートで、ドル円レートしか語られない場面も多いです。しかし、実際のところ、通貨はドルや円だけではありません。国際連合では、180種類の通貨の存在を認めています。

外国為替は2つの通貨の交換比率を示すものですので、必ず「2つの通貨」を並べて表記します。「ドル円」は1ドルをいくらの円で交換するのか、というレートになるのと同様に、「ユーロ円」であれば1ユーロをいくらの円で交換するのか、ということになります。「ユーロドル」であれば、1ユーロをいくらのドルで交換するのか、という話です。このように、必ず「2つの通貨」で考えることから、交換する通貨の組み合わせは「通貨ペア」と呼ばれます。

よく聞く「円安」「円高」とは、他の通貨に対して円の価値が相対的に安くなったのか、高くなったのか、ということを示しています。外国為替相場は相対的なものなので、ドル円相場で「円安」が進めば、同時に「ドル高」も進んでいます。逆もまたしかりで、通貨ペアの動きは常に「表裏一体」なのです。

ただ、「表裏一体の動き」であるがゆえに、例えば「円安・ドル高」が発生したとき、原因がドルなのか、円なのか、一見わかりにくいことも多いかと思いま

図1　外国為替取引のイメージ

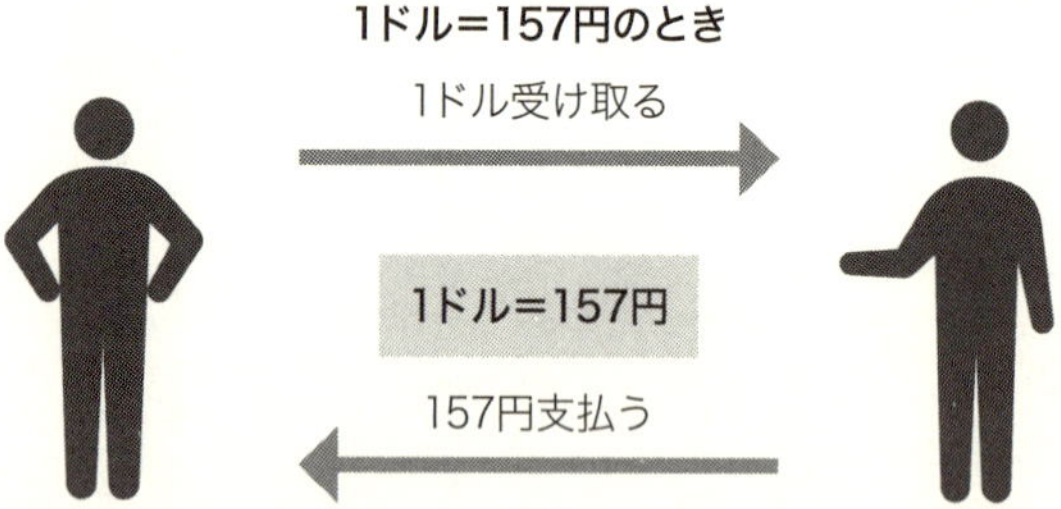

図2　どの通貨が主導で動いているかは、複数通貨ペアを確認

例①

	ユーロ	ドル	円
ドル円		ドル高	円安
ユーロドル	横ばい	横ばい	
ユーロ円	ユーロ高		円安

↓

「円安」が相場の牽引役だとわかる

例②

	ユーロ	ドル	円
ドル円		横ばい	横ばい
ユーロドル	ユーロ高	ドル安	
ユーロ円	ユーロ高		円安

↓

「ユーロ高」が相場の牽引役だとわかる

す。「ドル高」が発生する事象が起こったことがきっかけで、特段売られるような理由のなかった円が相対的に下落する、というのは頻繁に起こります。また逆もしかりです。

どの通貨が主導する動きなのかを見分けるには、図2のように「他の通貨に対するそれぞれの通貨を確認する」という方法があります。例えば、ドル円でドル高・円安が進んでいる場合、同時にユーロドルでもユーロ安・ドル高が進んでおり、ユーロ円はほぼ横ばい圏の値動きということであれば、ドル高主導なのだと判断できるわけです。

「通貨高」・「通貨安」と「上昇」・「下落」

為替レートの表現は混乱する、という声をしばしば聞きます。例えば「今日の東京外国為替市場のドル円相場は前日から1円近く上昇し、3カ月ぶりの円安水準となりました」というような報道があるとします。これを見て、「上昇したのに、安いの？」と混乱する方もいるかもしれません。外国為替についてのニュースを読み解くコツは「主語は何か」という点です。

外国為替市場のニュースなどで、「ドル円」「ユーロドル」など通貨ペアで表現する場合、必ず「先に読まれた通貨」が主語になります。例えば、「ドル円が上昇」と言われる場合は、ドルが主語であり、「ドルが上昇（＝円が下落）」していることになります。「ドル円相場が30年ぶりの高値」という場合は、ドルが対円で30年ぶりの高値であることを意味しています。同じ事象を、円を主語で表現する場合は、「円がドルに対して30年ぶりの『安値』」という感じになります。

余談ですが、新聞などで時折、「円ドルレート」と表現される場合があります。このような場合、本来であれば「1円当たりのドルの価格」を示す必要があります。しかし、実際にメディアなどの記事を見ると、レートはあくまで「ドル円」のものが示され、図表などはドル円チャート（ドル円の値動きを表現したグラ

図3　ドル円チャートと「よく見られる」円ドルチャートの違い

●ドル円チャート

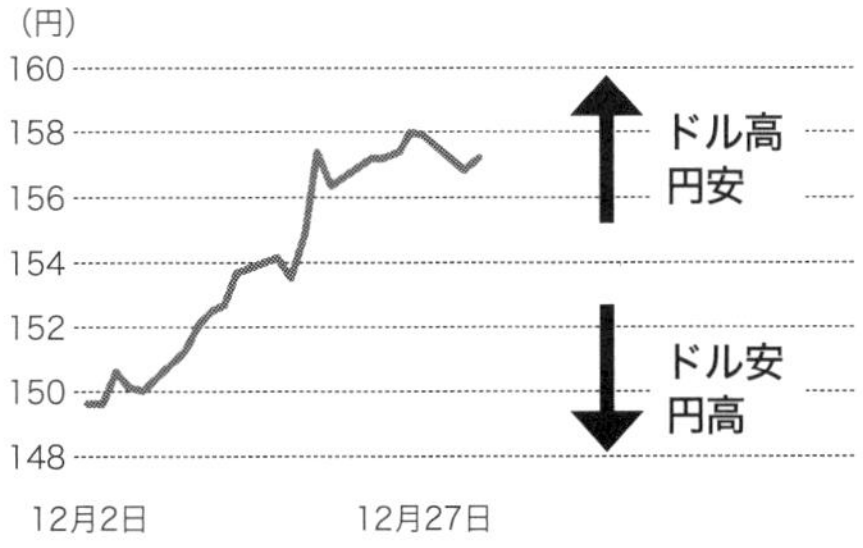

●よく見られる円ドルチャート

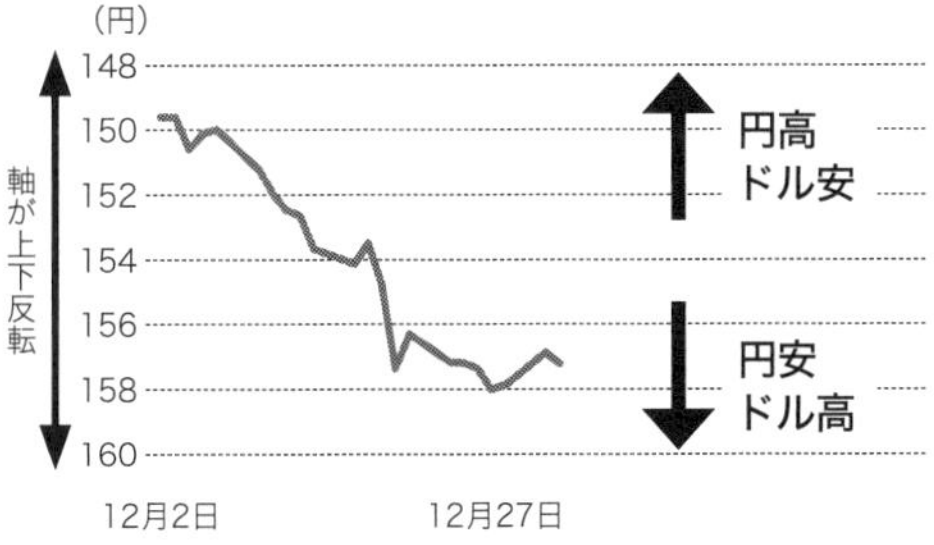

出所：bloomberg

フ）の価格の縦軸を上下反転させ、チャートが上に向くと「円が上昇」しているように見える（実際にはドル円レートは下落している）、という形になっています。「日本人としては、やはり『円の価値』が気になるであろうから、折れ線が上を向いているときに『円が高い』状態にした方が理解しやすいのではないか」というメディア側の配慮で、このような表現が長きにわたって使われているようです。ただこれは外国為替市場としては一般的な表現ではありません。「円ドルチャート」となっているチャートを見るときには注意が必要です。

圧倒的取引量を誇る基軸通貨「米ドル」

先ほど、世界には約１８０種類もの通貨があると触れましたが、外国為替市場で取引されているそれぞれの通貨の量には差があります。

国家が、例えば為替介入や他国への外貨建て債務の返済などに備えて積み立てておく「外貨準備」については、2024年9月27日時点では1位が米ドルでなんと58・2%。続いてユーロが19・8%、日本円が5・6%、英ポンドが4・9%……という順位です。

また、国際決済銀行（BIS）が3年に1度、調査・発表している統計（1日に取引されている通貨の割合）によると、2022年4月時点では1位の米ドルが44・2%、2位のユーロは15・3%、3位は日本円で8・3%、4位は英ポンドで6・5%、5位はスイスフランとなっています。

BISの発表する「通貨ペア」別の取引割合を見ても、1位から9位までは米ドルを絡めた取引で、なんと全体の88・5%が米ドルとの取引となっています。これらのデータから、全体の取引量の中で米ドルが圧倒的な存在感を示していることがわかると思います。ほとんどの取引が米ドルを介しており、米ドルが「基軸通貨」と呼ばれる所以《ゆえん》でもあります。「基軸通貨」とは国際的に取引される通貨の中でも中心的な役割を担う通貨のことです。世界中で利用できるような利便

図4　外貨準備で保有されている通貨の割合（2024年9月27日時点）

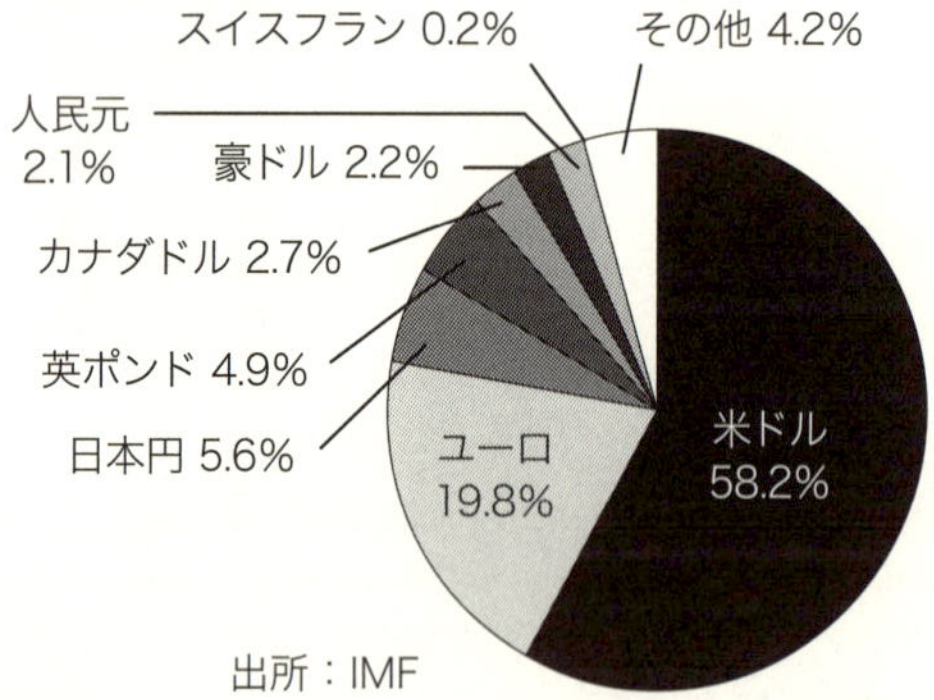

図5　1日に取引されている通貨の割合（2022年4月）

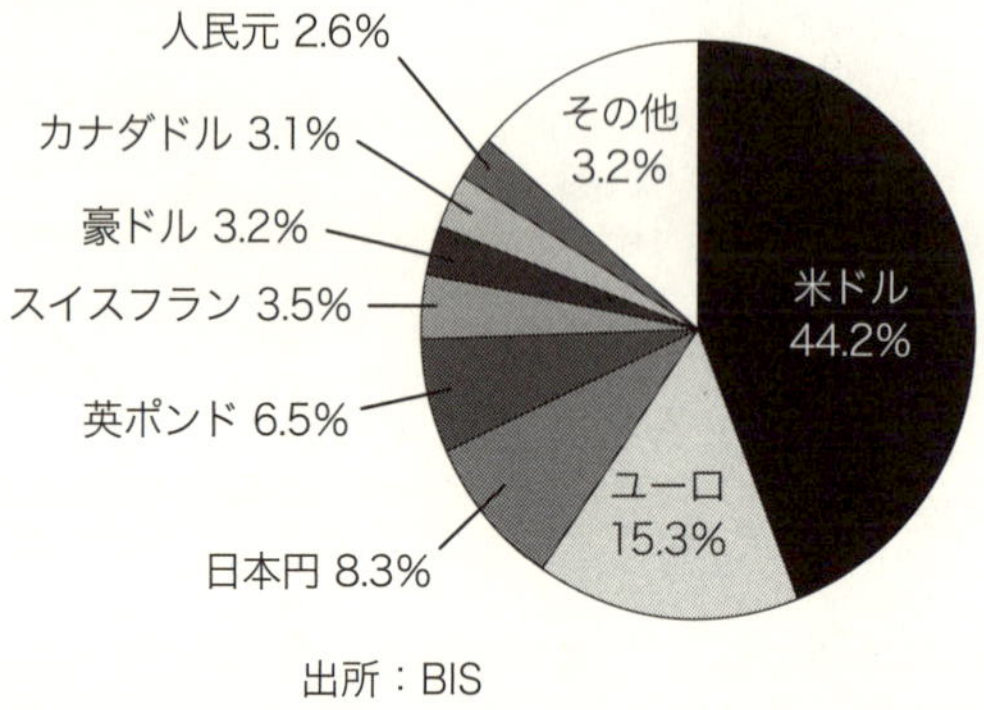

図6　取引されている通貨ペアの割合（2022年4月）

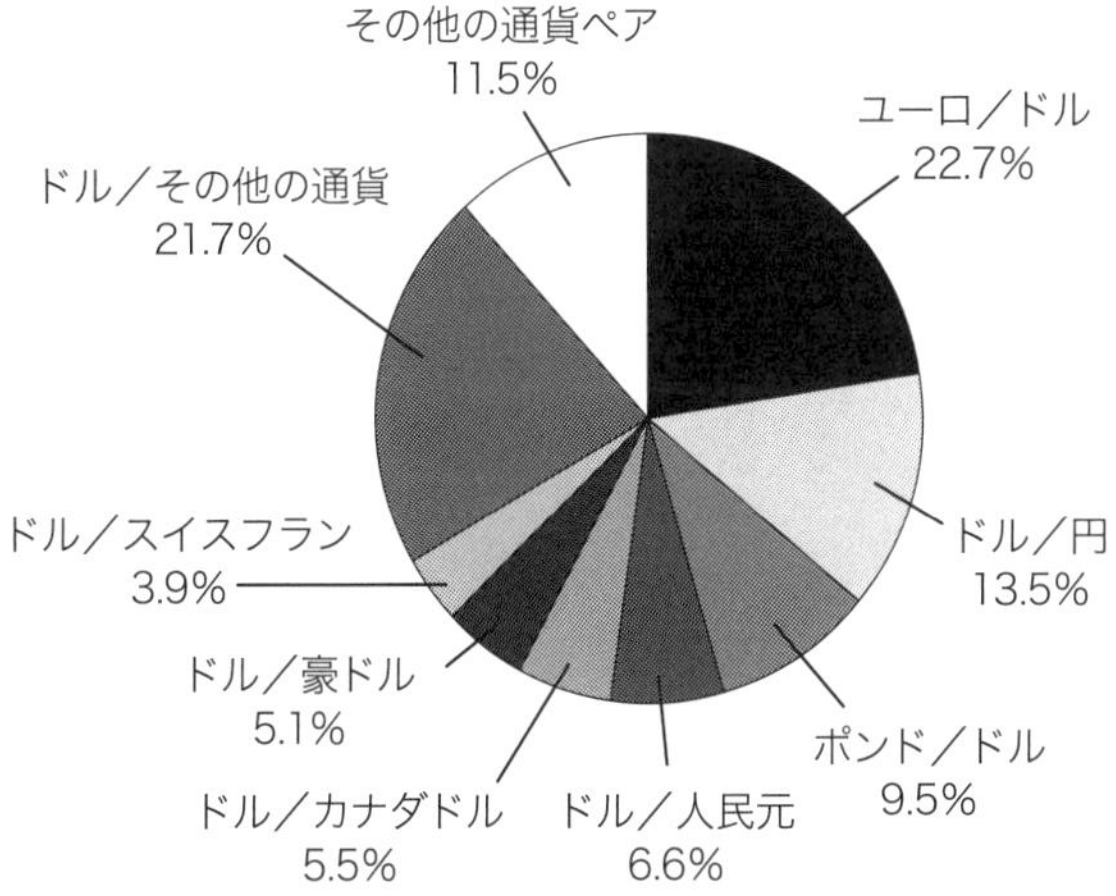

出所：BIS

性と、その通貨に対する信認が求められます。

第二次世界大戦前後くらいまで、基軸通貨といえば英ポンドでした。しかし、戦争によって英国経済が疲弊し、英ポンドへの信認が低下する一方、その中で直接的な戦禍をまぬかれ、経済的に成長した米ドルの信認が上がっていきました。そして1944年7月に「ブレトン・ウッズ協定」が締結されたことが決定的となりました。

同協定に基づくブレトン・ウッズ体制下では「金1オンス＝35ドル」と定められ、さらに各国の通貨は米ドルと固定される、という形になりました。つまり、米ドルを挟んでの金本位制です。米国の金保有量が圧倒的であり、かつ当時、経済力も圧倒的であったからこその協定で、これによって米ドルの基軸通貨としての地位は確固としたものになったと見られます。

このような歴史的背景もあり、圧倒的な取引量を誇る米ドル、ひいては米国経済の外国為替通貨に対する影響は甚大であり、世界中が米国経済と米国の金融経済政策の動向に注目するようになったのです。

外国為替市場はどんなところ？

さて、「外国為替市場」と聞いたとき、株式市場のように「取引所」で取引されていることをイメージされる方は多いのではないでしょうか。実は、外国為替市場は基本的に「取引所取引」ではなく、「相対取引」と呼ばれる、売り手と買い手が直接取引するのが一般的です。主に、コンピューターや電話など通信回線で形成されるネットワークを介して行われます。

その中において、金融機関のみが参加する市場を「銀行間（インターバンク）市場」と呼び、銀行や証券会社などの金融機関が個人や企業、機関投資家などの顧客と取引する市場を「対顧客市場」と呼んでいます。皆さんが銀行のサイトなどで確認する外国為替レートは、この「対顧客市場」におけるレートになります。

外国為替市場における主な参加者は、①銀行、②為替の仲介業者（ブローカー）、③中央銀行、④銀行の顧客、になります。

①の銀行が為替取引を行うのは、主に「為替差益を得る（為替相場が変動する中で利益を得ること）」「顧客の為替取引の仲介」「顧客との為替取引で発生したポジションのカバー取引（顧客から受けた注文と同じまたはそれに近い注文を銀行などに発注する取引）」の3つを目的としています。

その際、銀行は他の銀行と取引するか（直取引）、ちょうど良い取引の相手が見当たらない場合は②の為替のブローカーと取引を行います（ブローカー取引）。今のような電子取引システムが一般的でなかった時代、銀行はちょうど良い条件の取引相手が見当たらない状況になると、為替のブローカーに仲介を依頼。ブローカーはちょうど条件の合う銀行を探して仲介し、その手数料を収入として得ていました。数は少なくなっていますが、今でもブローカーは活躍しています。

③の中央銀行については、為替相場を安定させるための「為替介入（外国為替

市場介入)」という行動で参加します。中央銀行は国の通貨を発行しており、各国の金融政策も実施しています。なお日本においては、日銀は為替介入の「実行部隊」ではあるものの、介入の意思決定は財務省にあり、少々特殊です。

④の銀行の顧客については、様々です。大きくは機関投資家と呼ばれる企業です。細かく言うと、生命保険会社や損害保険会社、年金基金、投資信託運用会社、信託銀行、ヘッジファンドなどがこのように呼ばれています。また、貿易取引や資本取引などで外国為替取引が必要な企業、個人投資家、そして海外旅行や留学で外貨を必要とする個人顧客などもいます。

ちなみに、取引所では取引時間が決まっていますが、相対取引では売り手と買い手がいれば取引可能です。そして、売り手と買い手は「世界中」にいます。東京の人々がその日の仕事を終えても欧州、米国と順次市場参加者が目覚めていき、米国の参加者たちが家路につく頃、オセアニアの参加者たちが目を覚ましていく

図7　インターバンク市場と対顧客市場のイメージ

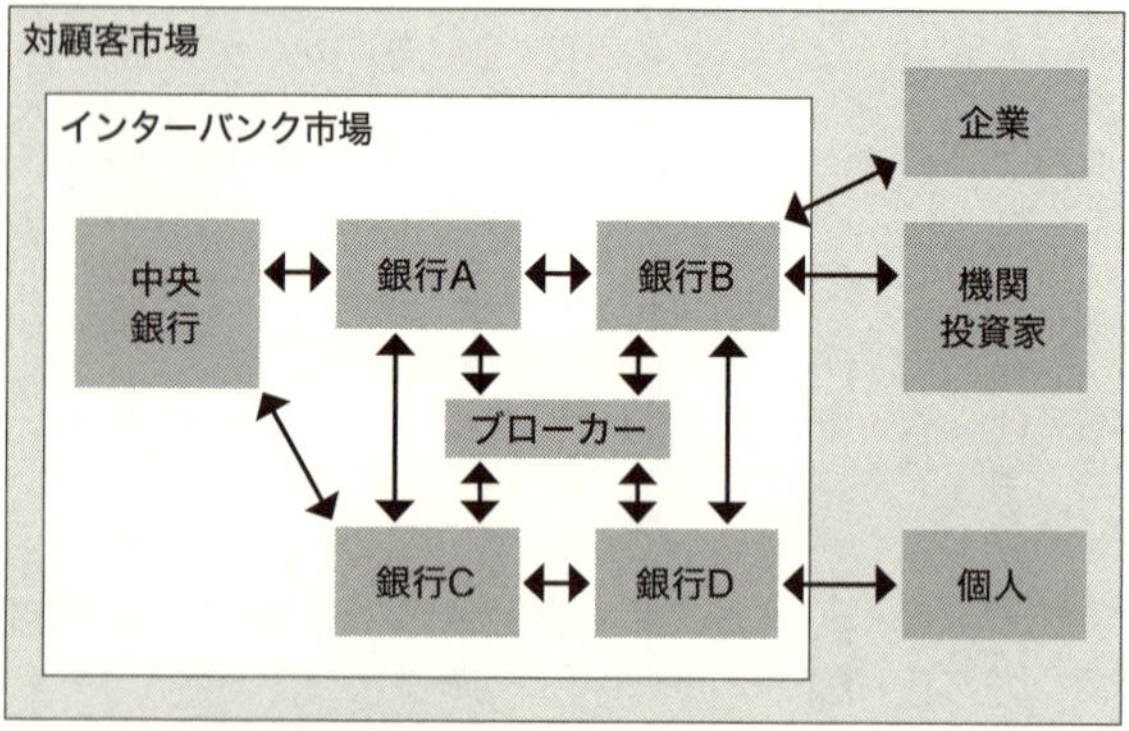

図8　主な市場参加者

市場参加者		市場に参加する目的
(1) 銀行		・為替差益を得る ・顧客の為替取引の仲介 ・顧客との為替取引で発生したポジションのカバー取引
(2) ブローカー		銀行同士の仲介で手数料を得る
(3) 中央銀行		外国為替市場を安定させる
(4) 銀行の顧客	機関投資家	生保や損保、年金基金、投資信託運用会社、ヘッジファンドなど
	企業	貿易取引や資本取引が必要な企業
	個人	投資目的の取引や、旅行・留学などを目的とした外貨調達

図9　外国為替市場の主な取引時間(夏時間)

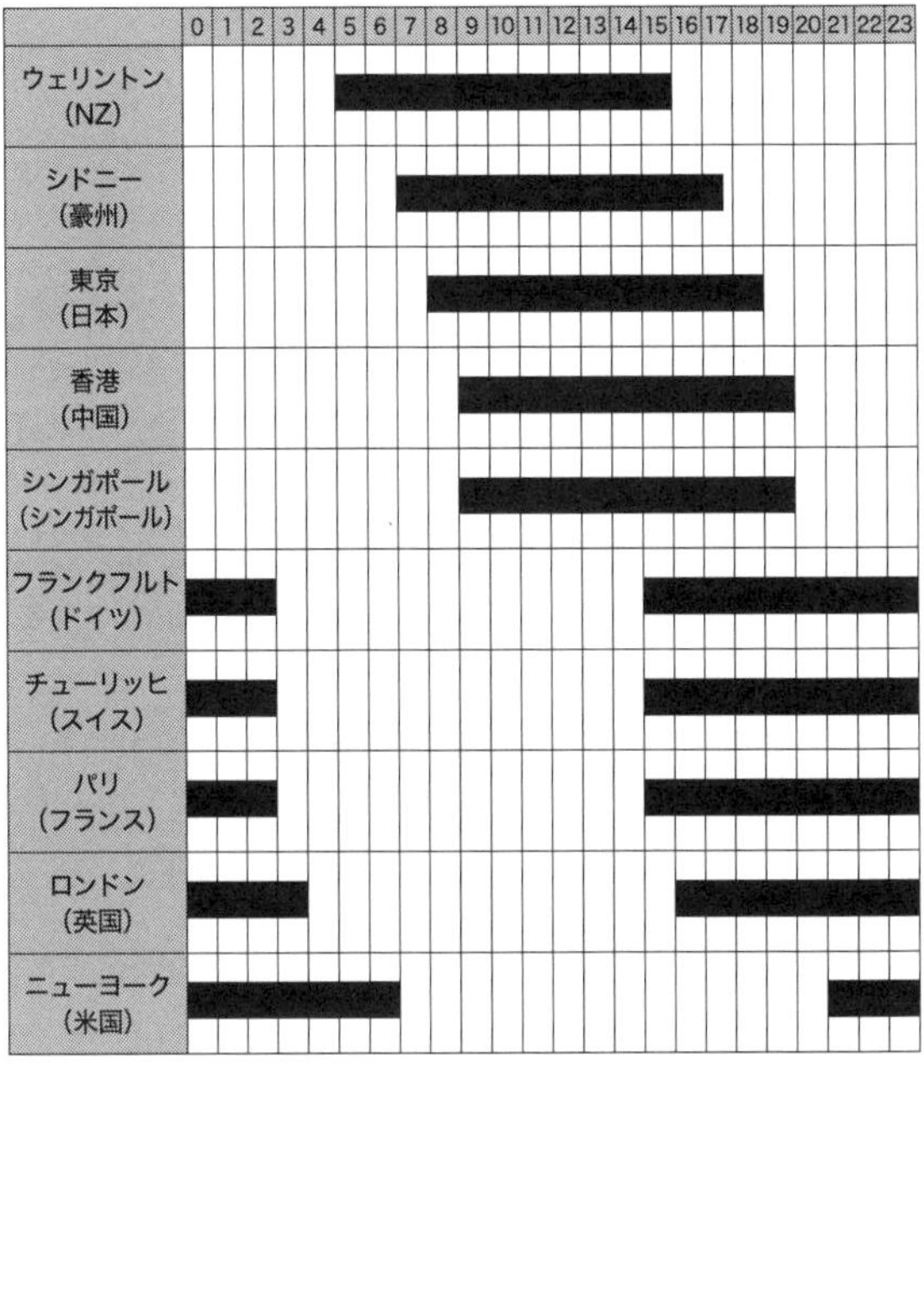

のです。結果、一般的に外国為替市場では銀行が営業している平日は24時間値が動くことになります。

外国為替レートは「需給」によって動く

平日24時間動き続ける為替レートですが、どんな要因で動いているのでしょうか。これは、端的に言ってしまえば「需給」で決まります。需給というのは「需要」と「供給」です。

一般的に物の値段は、買いたい人が多ければ（＝需要が大きい）高くなる傾向にあり、少なければ安くなっていきます。また、買いたい人は一定数で変わっていなくても、売り物が十分に製造されていなければ（＝供給が少ない）、やはり価格は上がっていきます。供給が極端に増えれば投げ売りのような形で価格が引き下げられたりします。

こうした需要と供給による価格調整が、常に外国為替市場でも行われているのです。例えば、何らかの要因でドルが欲しい人が増えればドル高に、円が欲しい人が増えれば円高になりますし、需要サイドが変わっていなくても、円の供給が増えれば円安になります。

つまり、外国為替レートは「需給」で決まり、その「需給」は需要サイドと供給サイドのどちらが要因なのか、そしてその裏で起こっているのは何か、ということを考える必要があります。

「実需」と「投機」

「需給」を考えるには、その担い手のことを知らねばなりません。

これは大きく分けると「実需」と「投機」です。「実需」というのは「実際に何か目的があって外国為替取引を行う」ことを指し、主には貿易を行う企業や、海外での会社設立や設備投資を行うような企業による取引になります。一方、「投機」は「資産の売買により利益を得るための取引」であり、主に金融機関や機関投資家、個人投資家などの取引がそれにあたります。この2つ、大きな特徴があります。

実需については、日本の輸出企業は製品の売り上げである外貨を円に換金する動きをするため、基本的には「円買い」圧力を発生させます。輸入企業は逆に、まず外貨を入手するために円を売る、そして製品を海外で購入する、という動きをします。つまり「円売り」圧力を生じさせます。このように、実需については、輸出入や投資の方向によって円高・円安の圧力の掛かり方に違いはあれど、基本的には「一方通行」のお金の動きと言えます。

一方、投機はというと、基本は前述の銀行の部分で取り上げた「差益をとっていく」スタイルです。これは、「まず何か取引を行い、その値が動くことで利益が生じた場合に、利益を確定させるために『反対売買』を行う」という形です。

図10　実需と投機の特徴

	実需	投機
ドル売り・円買い	輸出企業等（海外で商品を売った売却益を円に戻す）	海外による対日投資 ※将来的に利益確定の反対売買を行う
ドル買い・円売り	輸入企業等（海外で商品を買うために円を売る）	日本人による対外投資 ※将来的に利益確定の反対売買を行う

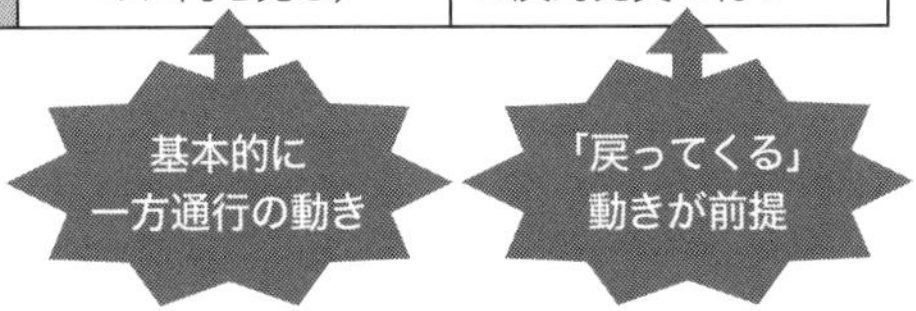

図11　拡大する外国為替市場の取引量

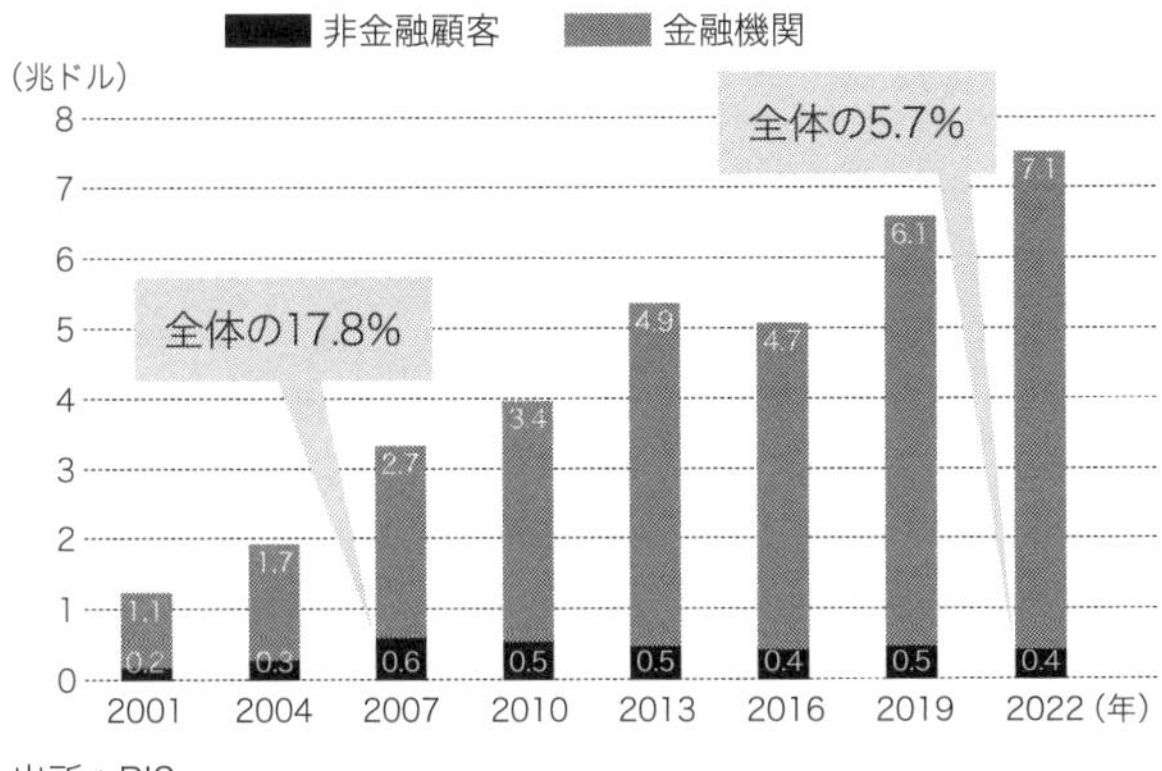

出所：BIS

「裁定取引」と呼ばれます。

例えば、「米ドルが今後上がるだろう」と予想した場合、「円を売って米ドルを買う※」という行動をまず実施。そして、利益が出た場合や、思うように利益が出ずに取引をもう止めたいと考えた場合、「(※の取引で得た)米ドルを売って、円を買い戻す」という行動を行うのです。こうした「反対売買」を行って取引を終了(クローズする、と言います)するのです。

このような違いのある「実需」と「投機」の動きですが、外国為替市場の全体でどのようなバランスになっているのでしょうか。

参考までに、BISのデータを見てみましょう(図11)。これによると、2022年4月時点では、取引全体における「金融機関による取引」は94・3%となっています。「非金融機関顧客による取引」はわずか5・7%です。全体の取引における「非金融機関顧客」の割合は2007年には17・8%ほどでしたが、その後10年以上にわたり、縮小傾向にあります。各種規制緩和や金融緩和等を経て、外国為替市場の規模が大きくなっていった一方、非金融機関顧客による取引は、ともすれば規模が縮小する等して割合が小さくなっていきました。この、非金融機関顧客による取引は、おおむね「実需」と見ることができるでしょう。一方、金融機関による取引の中にも「実需」によるものが含まれているため、「金融機関による取引」の全てが「投機」というわけではありません。しかし、「投機」の占める割合はかなり大きいと考えられます。

つまり、ニュースなどでよく言われる「市場関係者」というのは、ほぼ「投機」側にいる人々（＝投機筋）と考えてよいでしょう。日々の値動きはこうした投機筋の人々が、「何に注目し、何を手掛かりに取引をするのか」ということが反映されています。そして、彼らが最も注目しているのが、第一章で触れた「金利差」なのです。

繰り返しになりますが、高金利の通貨で運用すれば、低金利の通貨で運用するより金利面では利益が大きく取れます。さらに市場で、「低金利通貨の国の通貨を売って、高金利通貨の国の通貨を買う」動きが加速すれば、高金利の国の通貨は値上がりしていきます。そうなれば、金利差と為替レートの価格差の両方の利益を取ることもできます。

したがって、投機の人々、いわゆる投機筋は「金利差」のカギを握る金融政策や物価動向に関する報道及び経済データには、ひときわ敏感になります。投機筋の行動は速く、実際に決定的な報道が出るよりも「前に」動き出す傾向がありまず。平日24時間、稼働し続ける外国為替市場は、こうした思惑ベースの動きが主導する場面も非常に多いと言えます。

なお、こうした話をしていくと、「では『実需』の動きは無視してよいのか」という声も聞こえてきそうですが、決してそうではありません。これについては第四章で触れたいと思います。

「投機筋」と「金利差」の重要性

ここまでの内容をざっくりおさらいしておきましょう。

外国為替とは、常に2国間の通貨の交換レートであり、一方の通貨安ともう一方の通貨高は表裏一体です。円安とは、他の通貨に対して相対的に円が安いことを示しています。ただ、その背景には、「他の国の通貨高」である場合と、「円に売られる要因がある」場合のどちらかが（あるいはどちらも）あり、「円安＝円に積極的に売りが入っている」ということではない点には注意が必要です。

外国為替市場において、最も多く取引される通貨は米ドルであり、「基軸通貨」と呼ばれています。日本にとって、最もメジャーな外貨は「米ドル」ですが、これは日本だけでなくどこの国にとっても最重要通貨は「米ドル」なのです。

外国為替市場は基本的に「取引所取引」ではなく、主に「相対取引」であり、国をまたいでの銀行・顧客間の取引が可能なため、平日は24時間、為替レートが動きます。為替レートの動きは端的に言えば「需給」で決まりますが、その需給を左右するのが「投機」であり、投機筋の思惑が影響する部分が非常に大きいです。

その投機筋が最も注目する要素の一つが「金利差」であり、それに関連する金融政策や物価に関連する報道及び経済データが、日々の為替の値動きに大きく影響しています。

さて、ここまで外国為替市場が一体どんなところなのかお話ししてきましたが、ここで再び話を「円安」に戻しましょう。第一章では、ここ数年にわたりドル円相場で円安が進んできた「主な背景」について触れてきました。

世界的なインフレの中で世界各国の中央銀行が利上げに動く一方、日本のインフレが抑制されていたり、賃金上昇がついてこないことで日本の低金利が続いてしまったりしたことから、円安が進み、それが日本のインフレを加速させたことで、日本の国内において「円安」に対する関心が一気に高まりました。ただ、ドル円相場の歴史は実はかなり長いのです。その中で、ここ数年のドル円レートの水準は円安といえるのか、そしてそれは「適正」なのか。また、ここ数年、巷で言われる金利差以外の円安の原因についても、第三章では考えてみたいと思います。

第三章

ドル円レートの「水準」をどう捉えるべきか

ここ最近のドル円は「円安」という考えで良いの？

ドル円相場の近現代史は、１８７１年から始まったと考えられます。このとき、１ドル＝１円に設定されていましたが、その後は様々な戦争の影響や世界的なインフレの影響などもあって円は減価が進行。太平洋戦争後、日本のインフレを抑えるために戦後の日本の占領・統治を行った連合国軍最高司令官総司令部（ＧＨＱ）によって１ドル＝３６０円に固定され、前章でも触れた「ブレトン・ウッズ体制」と呼ばれる、外国為替相場の安定化メカニズムに組み込まれました。

これは「金１オンス＝35ドル」、そしてその他の通貨をドルと固定するという実質的な金本位制でしたが、その後米国はベトナム戦争による戦費拡大で、米ドルと金の交換に応じられないほど金保有量を減らすこととなりました。米国がもはやこの金本位制を維持できなくなったことで、１９７１年８月15日に当時の米大統領だったリチャード・ニクソン氏がドル紙幣と金の交換を停止することを宣言。「ニクソン・ショック」と呼ばれる事件です。この年の12月には「スミソニアン協定」と呼ばれる新たな固定レートを設定し、ドル円は1ドル＝308円に切り下げられました。しかし、この体制も長持ちはせず、1973年に主要各国は変動為替相場へ移行することとなりました。

1985年9月22日、米国と先進5カ国による、主に日米の貿易不均衡是正のための「プラザ合意」により、ドル円は実質的にドル安・円高に誘導されることが決定。これを受けてドル円は一段とドル安・円高が進みました。日本のバブル崩壊に伴う円高や日米の経済低迷に伴うドル安・円高も相まって、ドル安・円高基調は長期化。1995年にかけて、ドル円は79円台まで値を下げました。

ただしその後、約30年間のドル円相場は、上昇と下落を繰り返しています。おおむね、70円台後半から150円くらいの幅での推移です。そうした中で2024年のドル円相場は一時162円付近までドル高・円安が進んだわけですから、ここ30年でかなり円安と言えます。ただ、一方で歴史的にはまだまだ円高の水準

図１　1971年以降のドル円チャート

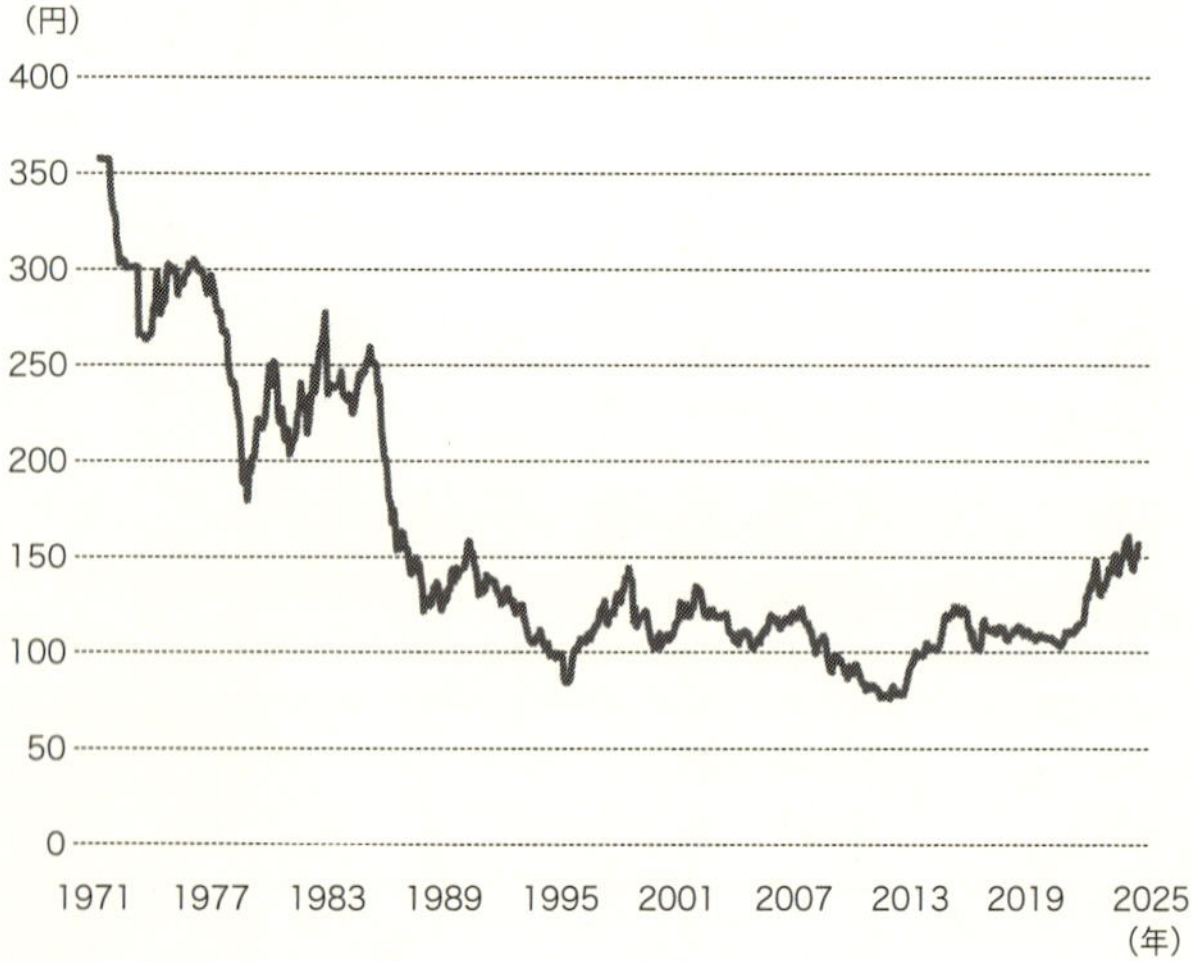

出所：bloomberg

とも言えます。
では、最近のドル円の水準は、どのように受け止めるべきなのでしょうか。

「円の適正水準」はどう考える?

《購買力平価とドル円相場》
外国為替市場に関わる仕事をしていると、「円の実力」や「円の適正水準」について質問を受けることは多々あります。しかし、何をもって「実力」とするのか、「適正」をどのように判断するべきなのか、意見が分かれるところです。また、明確に為替レートのあるべき水準を判定するツールは、これまでのところありません。
この観点ではよく、「購買力平価（PPP：Purchasing Power Parity）」が話題になります。これは「自由に財やサービスが売買される効率的な市場においては、同一の財やサービスの価格は同一になる」という、いわゆる「一物一価の法則」が元になっています。

①同じ財にもかかわらず2カ国間で価格差が生じてしまった場合、輸入企業はその財の安い国から購入し、その財の高い国で売る、という裁定取引を行うであろう
②そのため、安い国の通貨は上昇し、高い国の通貨は下落するであろう
③その結果、両国においてその財の価格は同一のものに収れんする（＝そこが適正水準）であろう

という考え方です。

この理論に基づくと、インフレの国の通貨は下落しやすく、デフレの国の通貨は上昇しやすいという傾向になります。ただ、購買力平価はある一定の年を基準

にするため、基準年によってグラフの形状は変わりますし、またベースにする物価指標によってやはり水準が変わります。

図2は、1973年1月に国際通貨研究所が算出を開始した月次の購買力平価です。消費者物価ベース、企業物価ベース、輸出物価ベースの3つの種類が示されています。これを見ると、1980年代後半から1990年代にかけて、ドル円はおおむね企業物価ベースの購買力平価に沿った動きとなっていました。

しかし、2000年代に入ると徐々に乖離《かいり》していき、2020年以降はほぼ関係のない動きになってしまいました。なお、2024年末時点で、輸出物価ベースの購買力平価は64・6円、企業物価ベースでは92・9円、消費者物価ベースでは108・8円です。乖離が大きくなってしまっていて、機能しているとは言い難いです。ただ、年末時点で157円にあったドル円は、購買力平価の観点では「円安すぎる」とは言えそうです。

さて、この乖離の背景ですが、ドル円相場を取り巻く金融経済環境の変化の中

図2　購買力平価とドル円

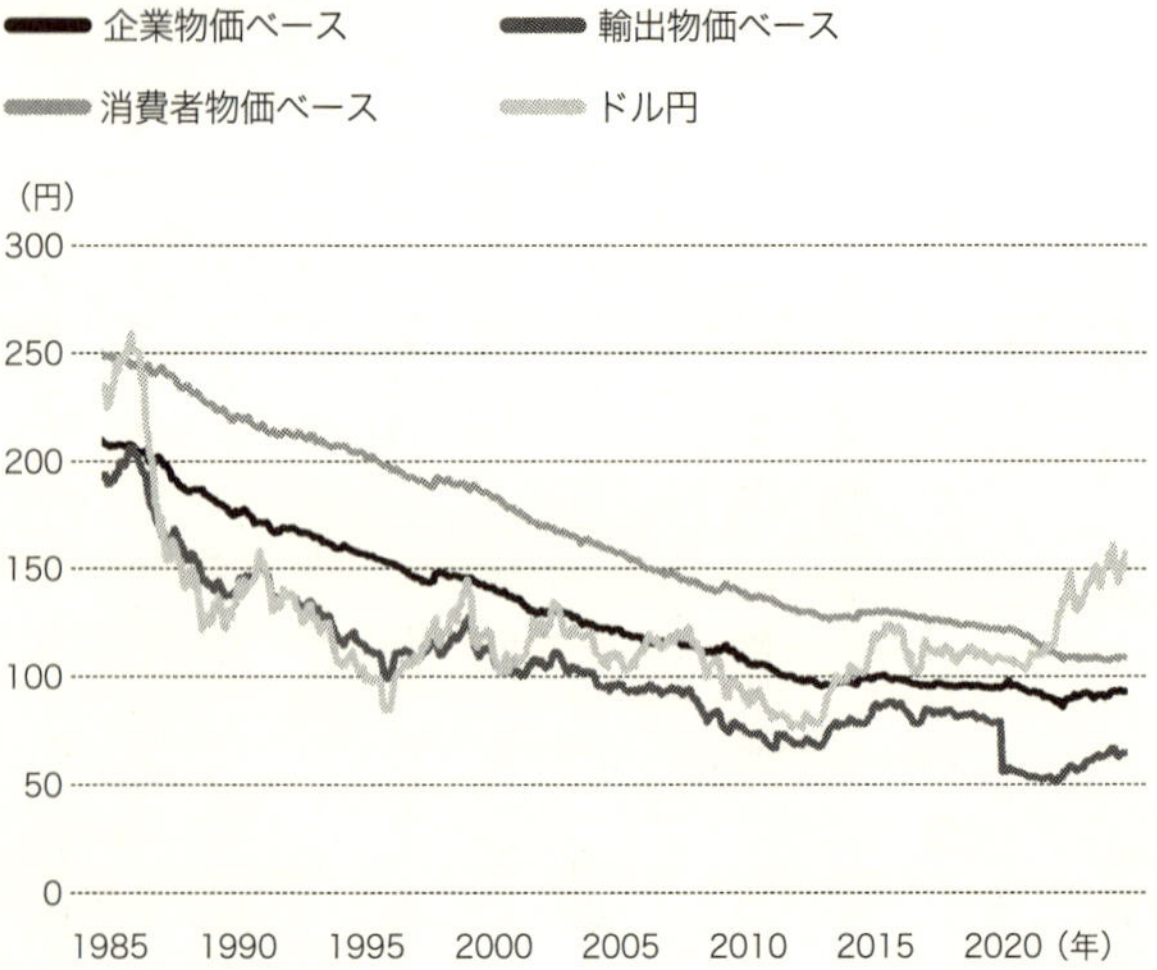

出所：国際通貨研究所

で、「貿易取引の存在感の縮小」という面が大きく作用していると考えられます。

１９８０年代くらいまでは、外国為替取引のメインといえば貿易でした。しかし、１９８５年９月のプラザ合意以降に急激に進んだ円高に対応するため、この時期から１９９０年代に日本の製造業は積極的に海外（主にアジア）にも製造拠点を作るなどして、製造の段階に海外を取り入れ始めました。

内閣府が毎年行っている「企業行動に関するアンケート調査」では、アンケート回答企業のうち、海外現地生産を行う製造業の割合は、１９８８年は27・７％でしたが、２０１７年には一時７割を超えました。そうした企業における生産全体から海外現地生産比率（生産全体の中で海外現地生産がどれくらいを占めるか）も２・４％から２０２３年には24・３％まで拡大しています。こうしたグローバリゼーションの中で、一つの財を生産する工程が複雑化し、シンプルに財の価格差が為替で調整される機能が薄れていったと考えられます。

さらに、１９９６年に第二次橋本内閣が打ち出した「金融ビッグバン」と呼ばれる日本の金融市場改革によって、様々な規制が撤廃・緩和された中、1998年4月に改正された「外国為替及び外国貿易法（外為法）」によって、外為取引に関する規制も大幅に緩和され、投機の影響が拡大しました。

そうした中で、日本の経常黒字のうち、大きな割合を占めていた貿易黒字は徐々に縮小し、メインが「第一次所得収支」と呼ばれる海外で稼いだ金利や配当などになっていったのです。加えて、2008年のリーマンショック以降、各国の中央銀行が金融緩和を積極的に行い、マネーの量が圧倒的に増えたのも、投機の活性化を後押ししました。

このような環境変化により、ドル円相場において、購買力平価説による為替の適正水準論は徐々にうまく機能しなくなっていったと考えられます。

また、そもそも論として、購買力平価は長期的な観点による為替レートの趨勢を判断する手がかりとして注目されていた一方、多くの品目の財の価格を表す物価関連のデータは日々出るわけではなく、日々の外国為替市場で取引を行う市場参加者は、購買力平価を毎日気にして取引しているわけではありません。市場で自由に取引できる変動相場制の下でのドル円のレートを、購買力平価のみで説明するには限界があったと言えるでしょう。

《金利平価とドル円相場》

一方、「金利平価説」という考え方もあります。こちらは、2カ国の名目金利差に着目し、為替レートの均衡水準を求めるもので、例えば1ドル＝100円で、米国の金利が年利10％、日本は0％のとき、1年間日本の口座で1万円を預金しても金利は0円で、1年後も1万円のままです。一方、1万円を1ドル＝100円で100ドルに替えると、1年後は110ドルになります。この1年後の1万円と110ドルは等価値であると仮定すると、1万円÷110ドルで1ドル＝90・91円。1年後にここまでドル安・円高が進む、という考え方です。

これは、これまでの章で話してきた「低金利の通貨を売って、高金利の通貨を買う」という動きと逆の動きになるため、違和感がある方は多いでしょう。高金利の背景には高インフレ（通貨安圧力）がある場合が多く、低金利の背景には低インフレ・もしくはデフレがある場合が多い（通貨高圧力）ため、購買力平価と通じる部分はあります。ですが、実際に為替レートを見ると、日米の金利差拡大局面ではドル高・円安が進んでいる場合が多く、この金利平価説については否定的な見方が多いです。ただ、研究者の中には「非常に長い期間にわたって見れば成立している」との見解もあるようで、議論の余地はありそうです。

《実質金利差とドル円相場》

「金利差」について、これまで折に触れてお話ししてきましたが、一口に「金利」と言っても、政策金利や期間2年程度までの短期金利から、中期金利（2～7年程度）、長期金利（7～10年）、超長期金利（10年超）などいろいろありますし、名目金利差と為替レートを重ねても、全ての動きを説明できるものはありません。

また、前述のように、名目金利が高い・低いには物価の高低が加味されていることも多く、実体として金利が高いかどうかは、名目金利から今後のインフレへの期待（期待インフレ率）を除く必要があります。これを、実質金利と言います。

この実質金利の方が、為替レートを語る上で重要ではないか、という見方もあります。実際、２０２１年夏以降のドル円相場は、日米の10年の実質金利差との相関性が非常に高かったことが知られています。

ただ、市場参加者は常に実質金利差を気にして取引をしているわけではありません。取引する際に見ているのは名目金利であることが多いですし、金利に表れる部分以外の要素を裁量的に加味して取引を行うことも多いです。それが明確に表れたのが、第一章でも触れた２０２４年の円のキャリートレードによる円安でしょう。これが活発化した２０２４年の春から夏にかけて、ドル円相場は日米の実質金利差から大きく円安方向に振れる形で乖離しました。もし、この日米実質金利差が示すドル円レートが「適正水準である」と仮定するならば、2024年末時点のドル円は「円安に振れすぎている」ということもできます。

ただ、果たしてこれをもって「適正レート」といえるのでしょうか。

名目の長期金利は本来、①潜在成長率、②期待インフレ率、③リスクプレミアムの3つから成り立っています。潜在成長率は労働力・資本・生産性の伸びの総和で成り立っており、国の経済の実力を示唆している、と言えるとは思います。ただこの潜在成長率は日々動く類のものではありません。また、期待インフレ率は、企業や家計が予想する将来のインフレ率です。言ってみれば、企業や家計の「主観」であり、現況に引きずられやすい部分も大きいです。リスクプレミアムは、リスクのある資産の期待収益率から無リスク資産の期待収益率を差し引いたもので、端的に言えば「投資家がリスクを取るのと引き換えに要求する超過収益」です。これも市場環境によって変わってきてしまう部分が大きいです。

つまり、名目金利にせよ、実質金利にせよ、「2カ国間の経済実力格差」を知

図3
2021年以降のドル円と日米実質金利差のチャート

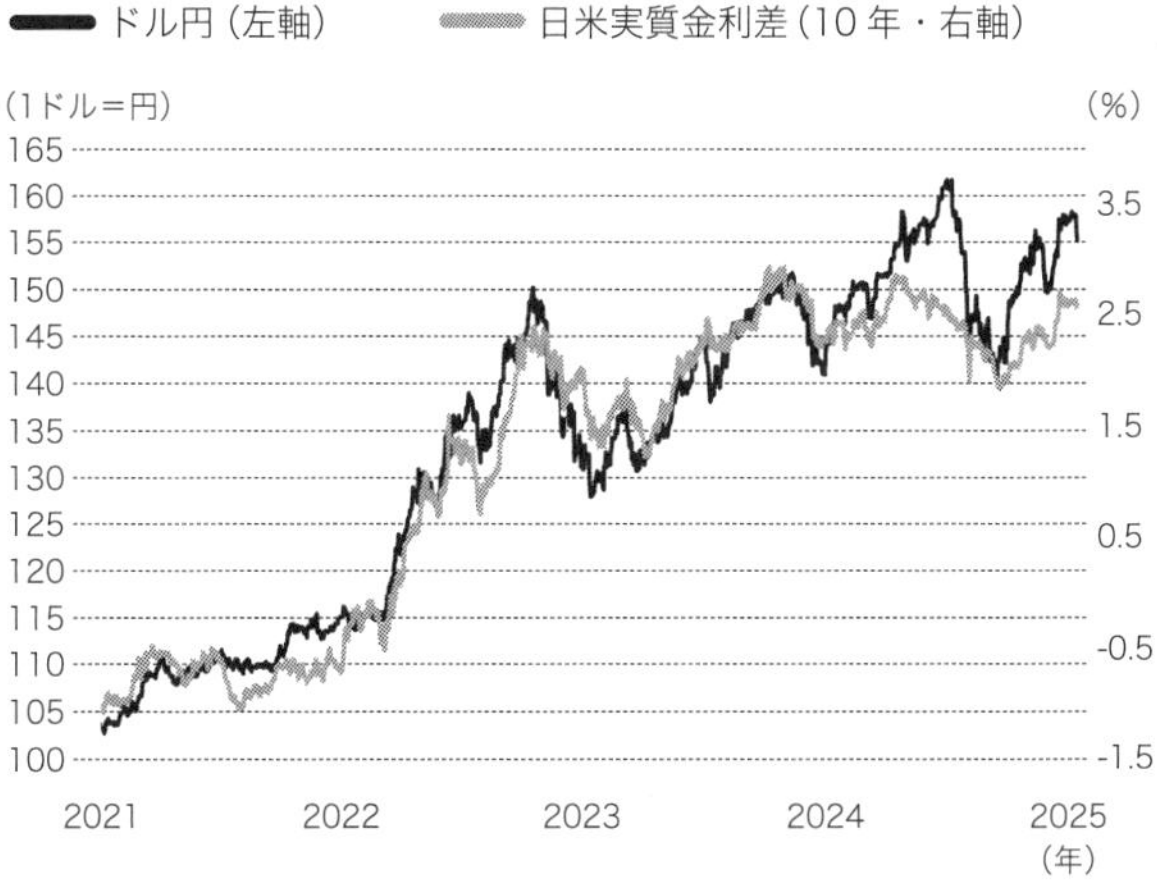

※実質金利は10年債利回り－期待インフレ率で算出
出所：bloomberg

るための大きな手掛かりではあるものの、これをもって「2カ国間の実力差を明確に説明できる」とは言い難く、日米実質金利差で示されるドル円の水準が適正であるとは言えないと考えられます。

日米の実質金利差とドル円相場の相関性が近年は非常に高かったため特に注目されましたが、過去を見れば適合しない時期も多く散見される点には留意が必要です。また他の国と米国の実質金利差と為替レートの相関性も、高いものもあれば低いものもある、という形でマチマチなのです。

円安は誰のせい?

ここまで、ドル円の適正水準を軸にいろいろ考えてきましたが、示唆に富むデータはあれど、「適正水準」というものはあってないようなものに思えます。それに対して今が円安なのかどうか、というのは判断が難しいところですが、ドル円レートは30年以上ぶりの円安水準であり、円の実質実効レートも下落続きで、円の価値が大きく下がってしまっているのは事実と言ってよいでしょう。

第一章で触れた通り、この対ドルでの円安を主に牽引したのは世界的なインフレを背景に米国が利上げを実施した一方、日本では利上げフェーズ入りが遅れた中で発生した「金利差」が主な要因だったと言って良いかと思います。しかし、本当にそれだけなのか、疑問を呈する声はよく聞かれます。

そこで、ここからは巷で言われる「それ以外の要因」についても考えてみたいと思います。

円安は「国力低下」のせい？

円安は「国力低下」のせいだと言われることもありますが、これについては、まず「何をもって『国力』とするのか」という定義から始めなくてはなりません。

よく論拠になってくるのは、労働力人口減少、生産性の低さ、国内総生産（ＧＤＰ）の弱さ、財政赤字の大きさなどです。

人口減少や生産性の低さというのは、潜在成長率への逆風となります。潜在成長率が低下すれば、これは長期金利（潜在成長率＋期待インフレ率＋リスクプレミアム）の重石となることから、通貨の下落要因になります。ただ、日本の人口減少や生産性の低さはここ数年で始まった話ではありません。

２０２３年の日本のＧＤＰは４兆２８６１億ドルとなり、米国・中国・ドイツに次いで世界第４位でした。これまで３位だったところから転落したわけで、この点も「国力が低下している」として注目されていました。ただ、この背景にある理由は、主に円安と考えられます。

円ベースの名目ＧＤＰ総額は、景気によって増減はあれど、傾向としては増加しており、２０２３年度は約５９５兆円と、前年度（約５６７兆円）から伸びています。しかし、伸びに関してドイツ（インフレが名目ＧＤＰの伸びを押し上げた）に後れを取ったことに加え、円安によってドル換算した際に弱い結果が出てしまったと考えられます。ＧＤＰの弱さによって円安が引き起こされたわけではなく、むしろ逆と言えそうです。

財政赤字に関しては、問題であることは間違いありません。債務残高はＧＤＰの約２倍、これまで低金利で抑制されていた利払い費の負担が日銀の利上げ開始で増加してしまい、深刻さが増していくのではないかと懸念されています。これが日本の信用を毀損《きそん》し、円安圧力になっていくのではないか、あるいはすでに円安圧力になっているのではないか、との見方があります。

ただ、日本の財政赤字の大きさの話題も今に始まったことではありません。また、２０２４年９月末時点で、日本の国債及び国庫短期証券（T-Bill）の保有者のうち、海外は12・０％に過ぎません。国債だけに絞ればわずか６・５％です。これは増加傾向にはあるのですが、米国では国債の30％、欧州では40～50％が海

図4　日本の名目GDP総額

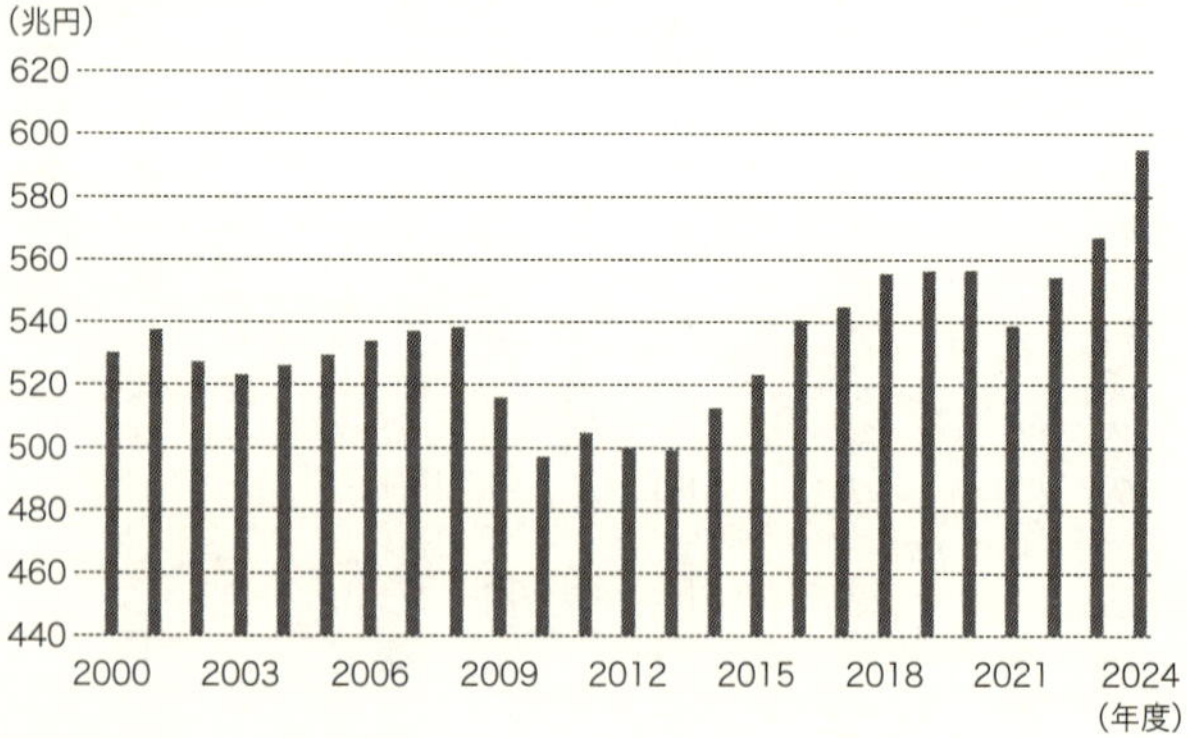

出所：経済社会総合研究所

外で持たれているのに対し、日本国債の海外保有率はかなり低く抑えられています。

仮に「日本の先行きへの不安から日本の国債を売る」という流れになったとしても、日本の投資家に関しては「リスクを避けるために」国債に投資しているので、国債を売っても円の現金で保持されてしまう部分は大きいと考えられ、即、円安が強まる、というものではないと見ています。むしろ、日本の財政不安によってリスクが意識される場面では、国内の大口機関投資家が海外から資産を手元に戻す動きが加速し、まずは円高に振れる可能性すら考えられます。

なお、２０２４年末から２０２５年初めにかけて、日本の金利上昇は確かに見られましたが、これは米国の金利上昇に連れている部分が大きかったと考えられます。また、２０２５年２月から3月にかけても日本の金利が急激に上昇する場面が見られましたが、これは日銀の今後の金融政策を先食いで織り込んでいる部分が大きく寄与していると見られます。本稿執筆時点では、日本の国債市場において、日本の財政破綻などをリスク要因視しての「日本売り」的な円売りが発生している様子はありません。将来的に、「財政不安による日本売り」を理由とした円売りが発生する可能性を否定するものではありませんが、ここ数年の円安を説明する要因としては的外れな印象です。

円安は「新NISA」のせい？

2024年1月、NISA（少額投資非課税制度）は見直され、新たな制度となりました。非課税投資枠の大幅な拡大と、制度の恒久化が目玉で、「家計の安定的な資産形成」を促進することが目的とされており、日本国民の中でも大いに話題になりました。そしてその際に関心を集めたのが、米国株式や「オルカン」と呼ばれる全世界株式の投資信託です。

新NISAの初動は、ここ数年パフォーマンスが良かった米国株式を中心とす

図5　投資信託経由の対外証券投資(ネット)

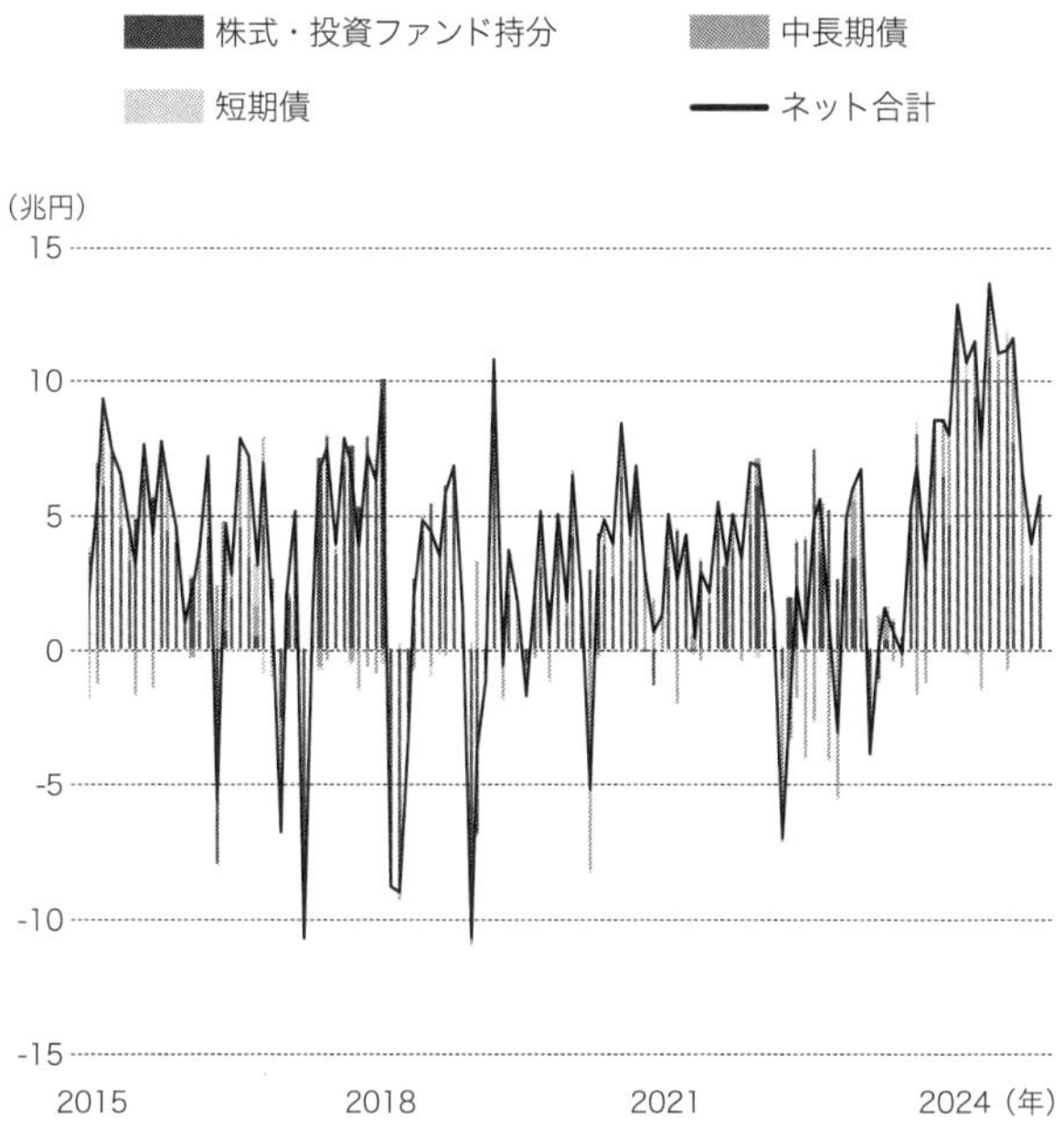

出所：財務省

る投資信託に注目が集まり、非常に盛り上がりました。財務省が発表する対外証券投資の推移（図5）を見ると、投資信託会社経由の対外証券投資は2024年1月以降に大きく伸びており、2024年1月から11月までの間にネット（購入と売却の差し引き）で10兆円を超える活況ぶりです。こうした海外株式の投資信託への人気が、円安を引き起こしたのではないか、との声も聞かれます。

海外の株式を購入する場合、当然ながら円売り・外貨買いの動きが発生します。中には「為替ヘッジ」と呼ばれる「将来の為替レートを前もって予約しておく」手法を取り入れ、為替レートの変動で損をすることを避ける措置が取られている商品もあるため、全ての新NISAの買いが円売り・外貨買いにつながっているわけではありません。

そして、忘れてはいけないのが外国為替市場の規模です。2022年4月時点の国際決済銀行（BIS）のデータによると、外国為替市場では1日平均7兆ドル（ドル円が157円の場合、1099兆円）取引されており、そのうち「スポット取引」と呼ばれる取引は28・1％で、約1・97兆ドル（同、309・3兆円）。ドル円の取引は全体の13・5％を占めているので、ざっくり1日平均で約2600億ドル、40・8兆円です。

この中において、「11カ月かけて積み上げた10兆円」は、決して大きいとは言えず、2024年に発生した円安の犯人にするのは無理があるのでは、と考えられます。

しかし、長期積み立てを前提とする新NISAのマネーは、いつかは買い戻されるものの、基本的には長い期間にわたって「円が売られっぱなし」になる要素ではあります。また、今回の新NISAスタートによって投資に興味を持ち、具体的に資産運用を開始した個人の方々も増加した可能性があります。

円安の局面だったことで外貨預金などにも注目が集まったこともあり、新NISA以外の円売りの圧力にも繋がったと考えられます。そういう意味では、「長期にわたって『円高を抑制』する効果」になっていくのではないでしょうか。

円安は「財務省」のせい？

財務省にまつわる「陰謀論」は枚挙に暇がありません。財務省は国の財政や税制を所管する省であり、金融システムの安定や外国為替市場の安定性確保などにも責務を負っています。よく、外国為替相場が荒れると日銀が批判のやり玉に挙げられますが、日銀の責務は「物価の安定を図る」ことと「金融システムの安定に貢献する」ことであり、外国為替市場の安定は財務省の責任なのです（もちろん、日銀の金融政策が為替に及ぼす影響は多大であり、個人的には為替の変動には日銀の責任もあると考えます）。

財務省は「国の信用を守り、希望ある社会を次世代に引き継ぐ」という使命を掲げ、「持続可能な」財政運営を行うという目的があるがゆえに、基本的には

「緊縮財政」という、不人気な政策を前面に押し出すことになります。そのため、国民から見れば、過剰に景気を冷え込ませるような、国民の生活を圧迫するような政策を打ち出している形になり、国民生活の厳しさの根底には「財務省の陰謀があるのではないか」という観測が度々浮上するようになりました。

その中で「円安」に関して財務省の陰謀とする主張は、実のところあまり聞かれません。ただ、「財務省は円安を容認している」との意見は散見されます。その根拠として挙げられがちなのが、税収と「外国為替資金特別会計」です。

税収については、円安の進行で輸出企業を中心に好業績だったことで法人税の税収が伸び、2023年度まで4年連続で過去最高を更新しました。また、円安でインフレになればお金の価値が下がるので、債務の返済負担は実質的に軽くなります。しかし、政府の債務は元々は国債を通じて民間から調達したものであり、債務の実質的価値が減るということは、貸し手である民間部門、ひいては家計側から見れば負担を負っていることになります。そのため、「インフレ税」と呼ばれたりします。

また、外国為替資金特別会計は政府が為替介入を行う際に使用する特別会計で、2024年3月の決算時点で残高は約191兆円、運用収入が4兆円以上発生していました。これは為替介入の結果、期せずして発生した収益です。この2つにより、「財務省が円安で儲かっている」ことから「財務省は円安を歓迎している」という主張に繋がっています。

税収も運用益も、税の減収や運用損が出るよりは良いと言えます。しかし、急激かつ過度な円安は輸入企業にとっては危機的状況を招き、輸出企業にとってもマイナス面もある事象です。さらに個人消費が減退することで、目指すべき「物価と賃金の好循環」を遠ざけることになります。表面的に税収増や運用益が達成できれば良いというわけではありません。実際、2022年や2024年の円安急進時、財務省は円買い介入を実施して、円安の流れにブレーキをかけることを試みました。

図6　米国の為替操作国認定基準（2022年6月）

- 過去12ヵ月間の対米貿易黒字が150億ドル以上
- 過去12ヵ月間の経常収支対名目GDP比率が3%以上
- 過去12ヵ月間に8ヵ月以上の為替介入が行われ、かつその実施額がGDPの2%以上

出所：米財務省

財務省が狙って円安に誘導している、という陰謀論が生じにくい背景には、外国為替市場の規模が非常に大きく、介入などで相場の流れに反する形で意図的に操るのが非常に難しいということがあります。

財務省が直接的に円安誘導できる手段といえば「円売り介入」ですが、先進国における為替介入は相手国との調整もあり、非常に難しい政治問題に発展します。特に米国は、意図的に通貨安政策を行う国については「為替操作国」と認定し、協議によって相手国がそれを是正しない場合には罰則を課すとしています。なお、その判断基準は、図6の3項目のうち、原則2つを満たすと「監視リスト」に入り、3つを満たすと「為替操作国」に認定するというものです。

2022年・2024年の急激な円安局面での円買い介入の際でさえ、日本政府は米国と密接にコミュニケーションを取り、最終的に米財務省は「為替レートは市場が決めるため、政府の介入はまれであるべき」としつつも「日本の状況は異なる」として、通常の通貨安誘導とは別という形で理解を示す中で実行されました。過度な変動是正という大義名分があっても、介入の実行は簡単ではないのです。自国の貿易黒字拡大や税収拡大のための通貨安誘導は現実的ではないでしょう。

また、今回の円安局面では国内のインフレで国民生活が苦境に陥ったこともあり、国民にはあまり歓迎されていません。「円安を容認した」ことを確認することはできませんが、少なくとも税収増や運用益については「結果論」だと個人的には受け止めています。

円安は「米国の陰謀」のせい？

これまで、ドル高・円安の背景として挙げてきた「米国の金融政策によるドル高」というシンプルな原因以外における「円安は米国の陰謀」とする説で聞かれるのは、中国で米国離れが進んだことで、その代わりに「日本が米国債を買わさ

図7　米国債の保有残高（上位7カ国）

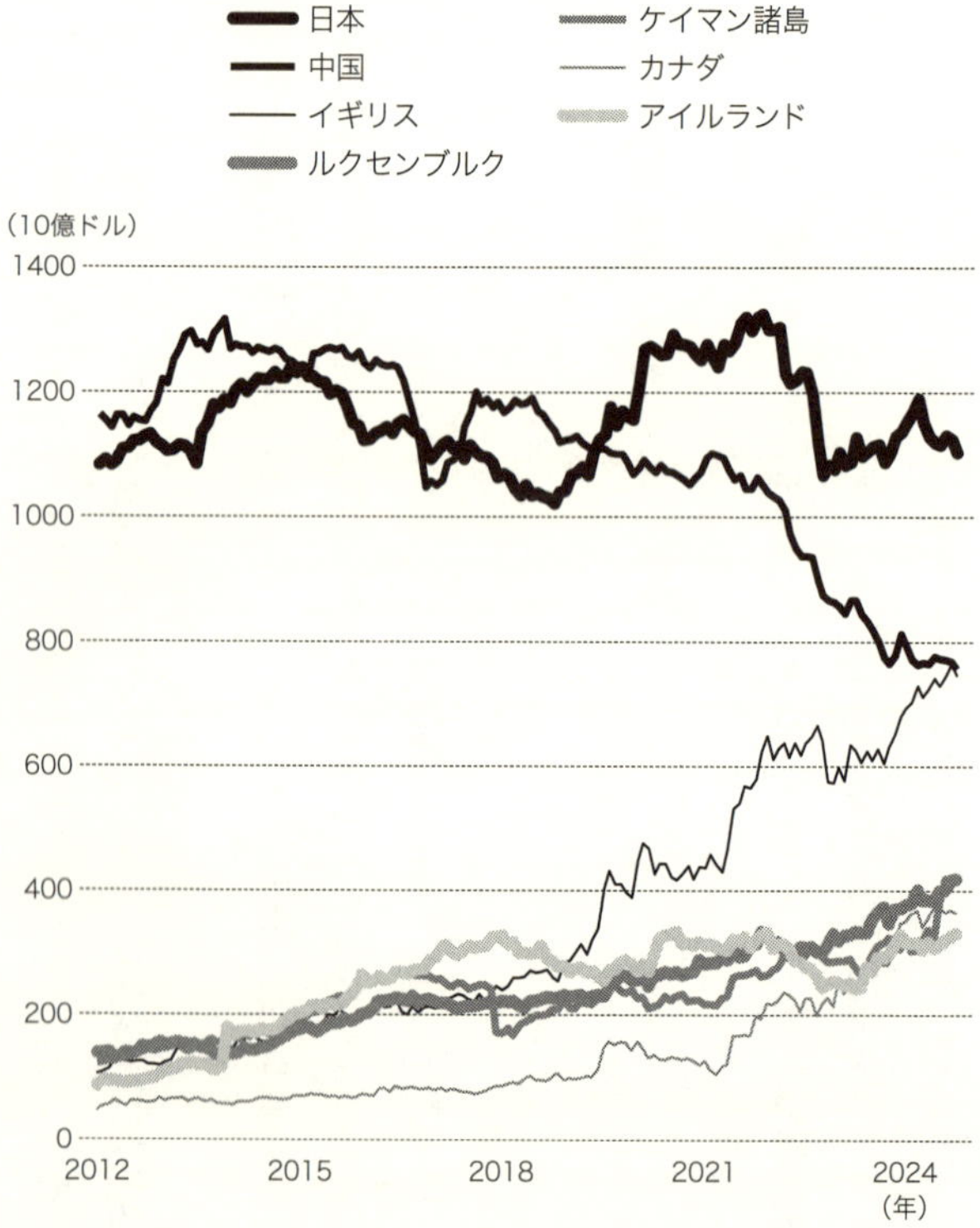

出所：米財務省

れて」おり、それに伴う円売り・ドル買いが発生しているのでは、というものです。

中国が2013年11月をピークに、少しずつ米国債の保有残高を減少させています。その中で、日本は2019年以降、最大の米国債保有国となりました。中国やロシア、その他新興国などで米国離れが起こりつつある中、米国は国債の引き受け手に困っており、日本は購入するよう圧をかけられているのではないか、という主張がごく一部で聞かれました。

ただ、日本の米国債保有残高は、2018年終盤から2021年終盤にかけて増加したものの、2022年10月にかけては減少。その後は少し増えてはいますが、積極的に買っている様子はありません。この推論も的外れと言えそうです。

円安は「投機筋」のせい？

これは「そういう面もあった」とは言えると思います。ここまで何度か触れましたが、日米実質金利差という「ファンダメンタルズ」に則したドル円の値動きから乖離して円安が進んだ局面が２０２４年には見られました。この値動きの主役となったのが「投機筋」です。急激かつ過度な相場変動の後ろには彼らがいることが多い点は否定しません。

しかし、第二章でも触れた通り、投機サイドの人々の取引は基本的に反対売買を伴うもので、「円を売ったとしてもいつかは円を買い戻す」もしくは「円を買って、いつか売却する」ことが前提になっています。円安の局面では、「当面はもっと円安が進むだろう」との観点で円売りから入っていますが、円が上昇する局面では逆に「円買い」から入ることも可能です。円安の進行がある程度進んで「これ以上の円安は進まないかもしれない」と判断すれば、反対売買（＝円の買い戻し）を行います。

このように、彼らの動きは「すでにある流れ」が前提で、「その流れに一定期間乗る」ことで利益を得て、潮流が変わると取引から離脱する、という特徴があります。つまり、ここ数年の彼らの動きは、すでにあった円安・ドル高の流れを助長することはあったものの、大きな流れとしての円安の原因になったとは言えないと受け止めています。

ちなみに、急激かつ過度な為替変動を生み出す投機については批判の声もありますが、彼らの存在は非常に重要です。外為法改正によって投機の動きが活発化し、市場参加者が増加したことにより、実需の取引も相手が見つかりやすくなり、円滑な外貨の調達が可能になりました。「流動性」という重要な要素を外国為替市場にもたらしているのが投機の存在なのです。

第四章

円安は善なのか？　悪なのか？

円安のメリット・デメリット

さて、円安の牽引役についてこれまで考えてきましたが、実際のところ、円安は日本経済にとってプラスなのでしょうか？　それともマイナスなのでしょうか？

一般論として、通貨安のメリットとしては「輸出企業の価格競争力が改善し、輸出数量が増える」「輸出企業の利益増」「海外現地法人の利益の円換算額の増加」「サービス輸出の増加（海外から見た国内物価が割安になり、海外観光客が増える等）」「外貨建て資産の価値が増す（所得収支改善）」などが挙げられます。一方、デメリットとしては「輸入価格が高くなり、輸入企業の業績を圧迫」「国内の物価に上昇圧力が掛かり、消費者の購買意欲が低下」「海外へ旅行に行くことが割高になる」などが言われています。

円安にはメリットとデメリットの双方ある中で、日本にとっての円安はトータルでどう評価すべきなのでしょうか。

2022年1月に日銀が公表した展望レポート（経済・物価情勢の展望）において、「為替がわが国実体経済に与える影響」という分析が掲載されたことがあります。ここで、日銀は10％の円安ショックが実質実効為替レートに加わった場合の経済への影響を試算しています。その際、近年の経済構造変化の可能性を考慮し、（1）感染症拡大前までの20年間（2000〜2019年）と、（2）その後半10年間（2010〜2019年）の2パターンに分けて推計結果が出されていますが、いずれの試算でも、実質実効レートに10％の円安が加わった場合は1％弱程度、実質GDPにプラスの影響を与えていることが示されました。

また、円安の経済への影響の経路について、同コラムでは①円安による財輸出数量の押し上げ効果、②所得収支の改善を通じた国内経済へのプラスの影響、③物価への影響、の3つの観点について触れています。
①については、企業が生産拠点の海外移管を進めたことや、その過程で国内生

図1　10%円安ショックに対する反応

●実質GDP

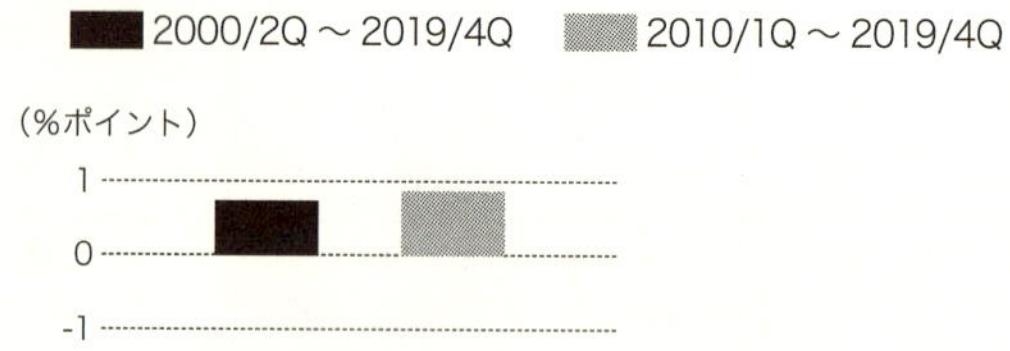

●実質GDPの内訳項目

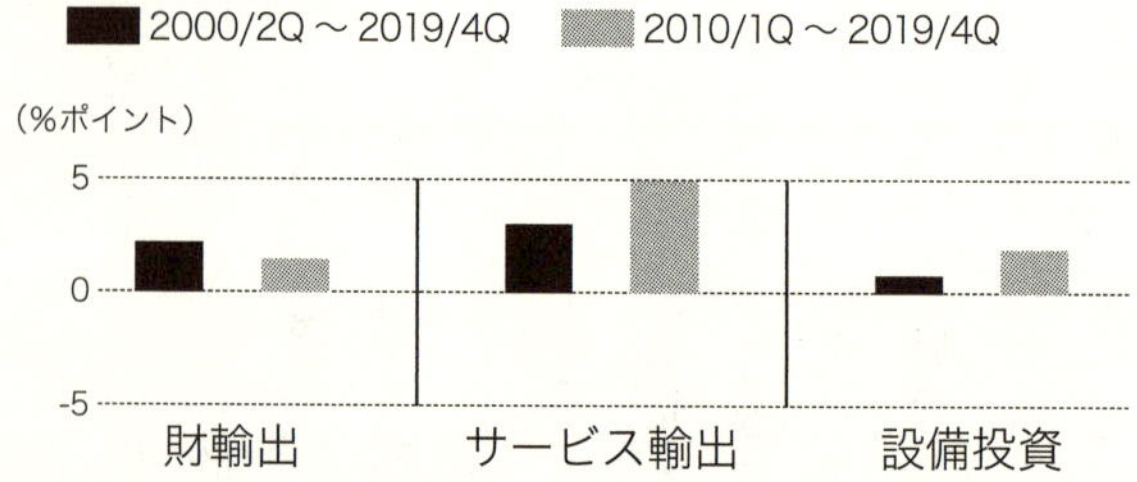

引用：日銀「経済・物価情勢の展望（2022年1月）」

産財の「高付加価値化」が進んだことにより、円安の影響力が低下しているとする一方、②については、企業のグローバル化によって日本の企業が海外事業から獲得する収益や配当などを通じた国内還流は増加しており、国内における設備投資を押し上げる力に繋がっているとしています。

③については、輸入ペネトレーション比率（総供給量における輸入の割合）の高まりを背景に、円安が日本経済に与える影響が強まっていると考察されています。つまり物価の押し上げ効果が強まっている、という趣旨です。物価が上がれば生産する数量が増えなくても、価格が上昇した分だけ企業収益はプラスです。

要約すると、①の効果は低減しているとしつつもまだ残っており、②・③を通して日本経済にはプラスが続く、という考察でした。

では、円安が続いた方が日本にとっては「良い」ことなのでしょうか。

「円安なら良い」というものではない？

日銀はこの2022年1月の展望レポートにおいて、「3つの留意点」に触れています。

第一に、「円安であっても円高であっても、経済主体の対応が追い付かないペースで急激に為替相場が変化すれば、経済に悪影響をもたらす可能性はある」という点です。例えば、円安が急激に進む場合について考えてみましょう。本来は円安がプラスである輸出企業であっても、多くの製品を作るのにまず海外から材料の輸入を行っていることが多いです。そのため、円安の急進は輸出企業にとっても「円安の弊害を被る要因」となる可能性があります。また、輸出した製品を売るより先に、円ベースで上がってしまった輸送コストが輸出の妨げになることもあり得ます。

第二に、「為替変動の影響の方向性や大きさは、業種や事業規模によってマチマチ」という点です。円安が進行する場合、輸入企業にとっては言うまでもなく厳しい逆風となりますし、家計にとっては輸入物価の上昇を通じたインフレの影響で、実質所得が下押しされ、購買意欲は低下すると考えられます。また、例えば輸出企業であっても、規模によって大きな差がありそうです。

「令和5年度経済財政白書」によると、2010年代以降の輸出企業の数は、大企業が全体の32・6%、中小企業が67・4%を占めています。しかし、輸出額は約93%を大企業が占めている状態です（図2）。つまり、円安で強い追い風が吹いていたとしても、大企業と中小企業ではその恩恵の大きさにかなりの差があると考えられます。

第三に、為替変動が株価や物価に与える影響は「その時々の情勢次第で、マインドに与える影響が異なる」という点です。

これはどういうことかというと、例えば一口に「円安」と言っても、そのときの環境次第で人々が受ける感情が変わってくるということです。

図2　規模別の輸出企業数と輸出額

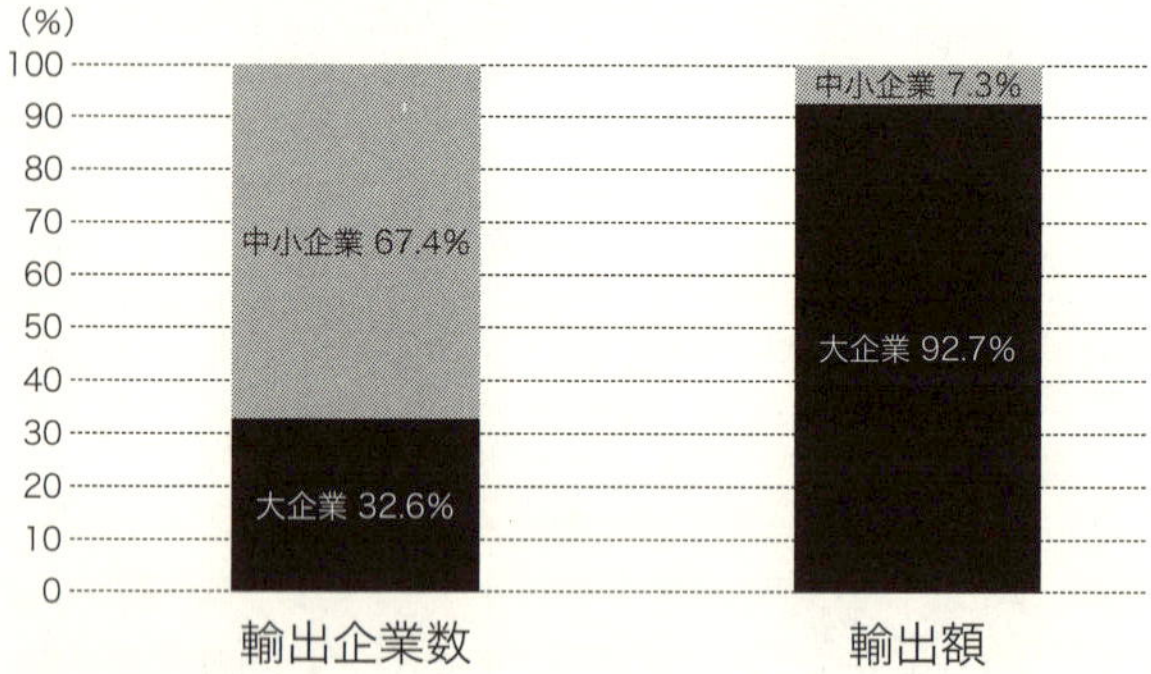

出所：経済産業省、内閣府　※ 2016 ～ 2022 年度の平均

引用：内閣府「日本経済 2022 − 2023」

日本は長期にわたって輸出企業が強く、円安が株価にプラスに働く歴史が長かったことから、長らく円安は人々のプラスの感情に繋がっていました。国内がなかなかデフレを払拭できない中で金融引き締めは遠く、円安による輸入物価の上昇という「円安の弊害」がほとんど問題視されなかった、という部分も大きかったと言えます。

しかし、企業が海外での生産拠点を増やし、輸出企業が製品を作る過程で多くの輸入を行う形に産業構造が変わり、海外製品の価格上昇が円安によって増幅されることによって引き起こされた輸入インフレが家計に打撃を与えるようになると、円安の急激な進行はもはや人々にとってマインド悪化を促すキーワードと化しました。

株価に対しても、円安がプラスになる輸出セクターが残る反面、円安によって増幅されるインフレ懸念が利上げ観測に繋がり、株価を圧迫する、という面も発生し、円安＝株安という関係も、コロナ禍以降はそれほど強くありません（図3）。

図3　日経平均とドル円(2010年〜2024年)

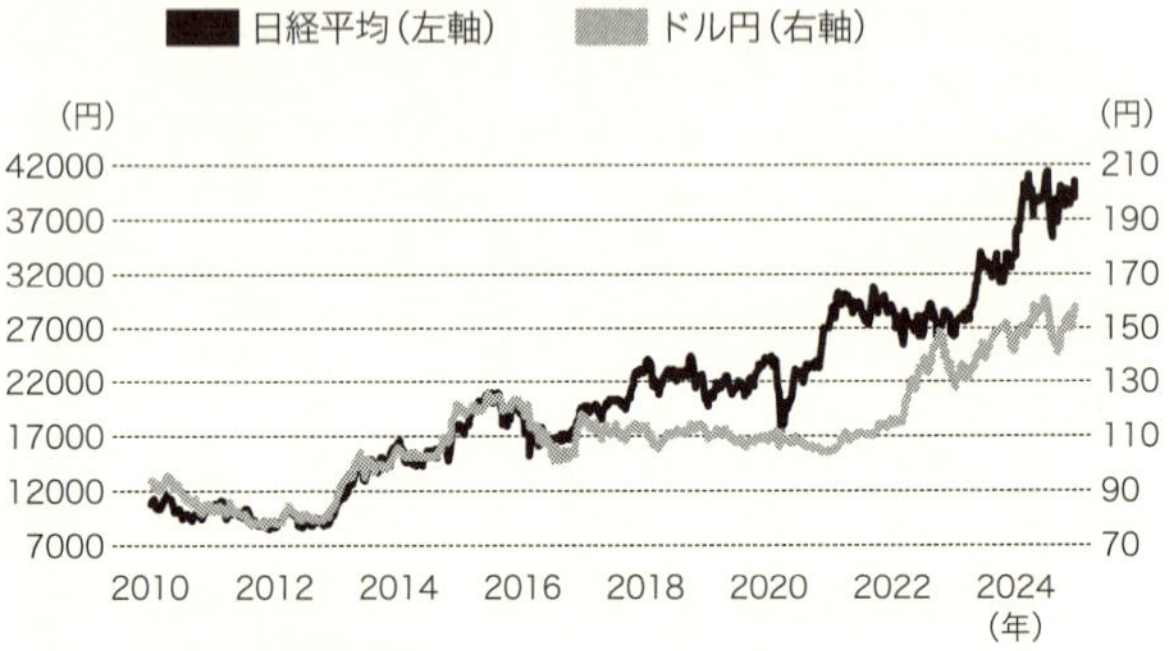

出所：Bloomberg

この日銀のレポートを参考にするならば、今の日本の状況下における「円安」は、

・依然としてトータルでは円安は日本経済にプラスと言えるが、それは主に所得収支による影響が大きい
・現状、円安の恩恵を「強く」受けられる企業は輸出企業のうちの大企業に限られ、そうした「円安の恩恵」を強く受けられる企業にとっても、急激な円安はネガティブな効果になり得る
・株価に対するプラスの効果が抑制されており、円安がインフレに繋がる中で消費者のマインド悪化に繋がりやすい

というところでしょうか。

株価や消費者マインドの面では特に、ここ数年の「(急激な)円安」はネガ

ティブに受け止められる部分が大きいように見えます。輸入インフレによる消費者マインドの悪化については、賃金の伸びが物価の伸びに負けていることで実質賃金がマイナスになっている面も大きいと考えられることから「実質賃金が今後上がれば」その限りではないのかもしれません。しかし、それが現実化するかどうかは、正直なところ経済環境次第です。総合的に考えて、現状ではこれ以上「円安が『続いた方が』日本にとって良い」とは必ずしも言えなそうにも思えます。

とはいえ、例えば貿易収支や所得収支の流れ等、経常収支の状況が今後も同じとは限りません。このコラムで触れられた「所得収支」のプラス面は続くのでしょうか。そしてここでは触れられていない「サービス収支」についてはどうでしょうか。これら経常収支の要素は円安が続いた方がプラスなのでしょうか、経常収支が構造的に円相場に寄与する動きはどう考えるべきでしょうか。

経常収支は30年近く黒字の歴史

一定期間における、国と海外のあらゆる取引を体系的に記録した指標に「国際収支統計」というものがあります。国際収支統計には①経常収支（財・サービス・所得の取引)、②金融収支（対外資産・負債の増減に関する取引)、③資本移転等収支（生産資産・金融資産以外の資産の取引や資本移転）の3つで主に構成されています。

為替の動きにとって特に重要なのが①の経常収支です。

経常収支は、貿易収支＋サービス収支＋第一次所得収支＋第二次所得収支の合計です。

貿易収支は、シンプルに財（物）の輸出入です。サービス収支は輸送（国際貨物、旅客運賃)、旅行（訪日外国人旅行者・日本人海外旅行者の宿泊費、飲食費等）、金融（証券売買等に係る手数料等）、知的財産権等使用料（特許権、著作権等の使用料）のそれぞれ受け取りと支払いの収支になります。

第一次所得収支は、対外金融債権・債務から生じる利子・配当金等の収支で、直接投資収益（親会社・子会社間の配当金や利子）と証券投資収益（株式配当金及び債券利子）、その他投資収益（貸付・借入、預金などの利子）のそれぞれ受け取りと支払いの収支です。

第二次所得収支は、居住者と非居住者の間の、対価の伴わない資産の提供の収支で、主に官民の無償資金協力、寄付、贈与、また再保険料などが対象です。

日本の経常収支の推移を見ていくと、2000年代前半までは貿易収支と第一次所得収支が黒字を稼ぎ、サービス収支と第二次所得収支が赤字要因となっていました。しかし、2011年に貿易収支が赤字に転換。他方、第一次所得収支の黒字が拡大していく中で、経常収支は黒字を保ち続けている、というのがこれまでのところの動きになります。

図4

国際収支とは

一定の期間における居住者と非居住者の間で行われたあらゆる対外経済取引（財貨、サービス、証券等の各種経済金融取引、それらに伴って生じる決済資金の流れ等）を体系的に記録した統計

経常収支とは

金融収支に計上される取引以外の、居住者・非居住者間で債権・債務の移動を伴う全ての取引の収支状況を示す

経常収支	＝	貿易収支	＋	サービス収支	＋	第一次所得収支	＋	第二次所得収支
		（財の輸出入の収支）		（輸送・旅行・金融・知的財産権等使用料などサービス取引の収支）		（対外金融債権・債務から生じる利子・配当金等の収支）		（官民の無償資金協力、寄付、贈与の受払等）

教科書的には経常黒字は「通貨高」要因になります。ここを踏まえつつ、それぞれの項目を確認しながら、今後も円安はプラスなのか、それともマイナスなのかについて考えたいと思います。

貿易黒字のカギはエネルギー価格か

2011年に貿易収支が赤字に転じたのは、東日本大震災と、それに伴う福島第一原子力発電所の事故が起こったことで、天然ガスの大量輸入を余儀なくされたことがきっかけでした。2014年から2015年にかけて大幅にエネルギー価格が下落し、さらに2016年に入ってドル円相場における円安・ドル高が反転したことも手伝って、2016年に貿易収支は再び黒字化しましたが、海外に生産拠点を作り、輸入企業も増えた日本において、もはや以前ほどの規模の貿易黒字を取り戻すことはできませんでした。

2022年以降は、ロシアのウクライナ侵攻に伴うエネルギー価格高騰に、これまで触れてきた円安が重なる形で重石となり、大幅な貿易赤字となりました。ここから考えられるのは、今後の貿易収支において、エネルギー価格の影響が大きくなるだろうということです。

資源エネルギー庁が発表した「令和5年度エネルギーに関する年次報告（エネルギー白書2024）」によると、日本のエネルギー自給率は2022年度で12・6%と、他の経済協力開発機構（OECD）諸国と比べてもかなり低いです。実質GDP当たりのエネルギー消費は欧州並みの省エネを実現しているものの、2011年の東日本大震災と、その後の原子力発電所の停止により、原子力に代わり、一時期減少していた化石燃料への依存度が上昇。その後、原子力による発電量に少し戻りは見られたものの、化石燃料への依存度は2021年には86・7%に達しています。日本ではほとんどの化石燃料を輸入に頼っており、化石燃料の収支が黒字化することは、日本でよほど大規模な油田開発が成功しない限り

図5　日本の貿易収支

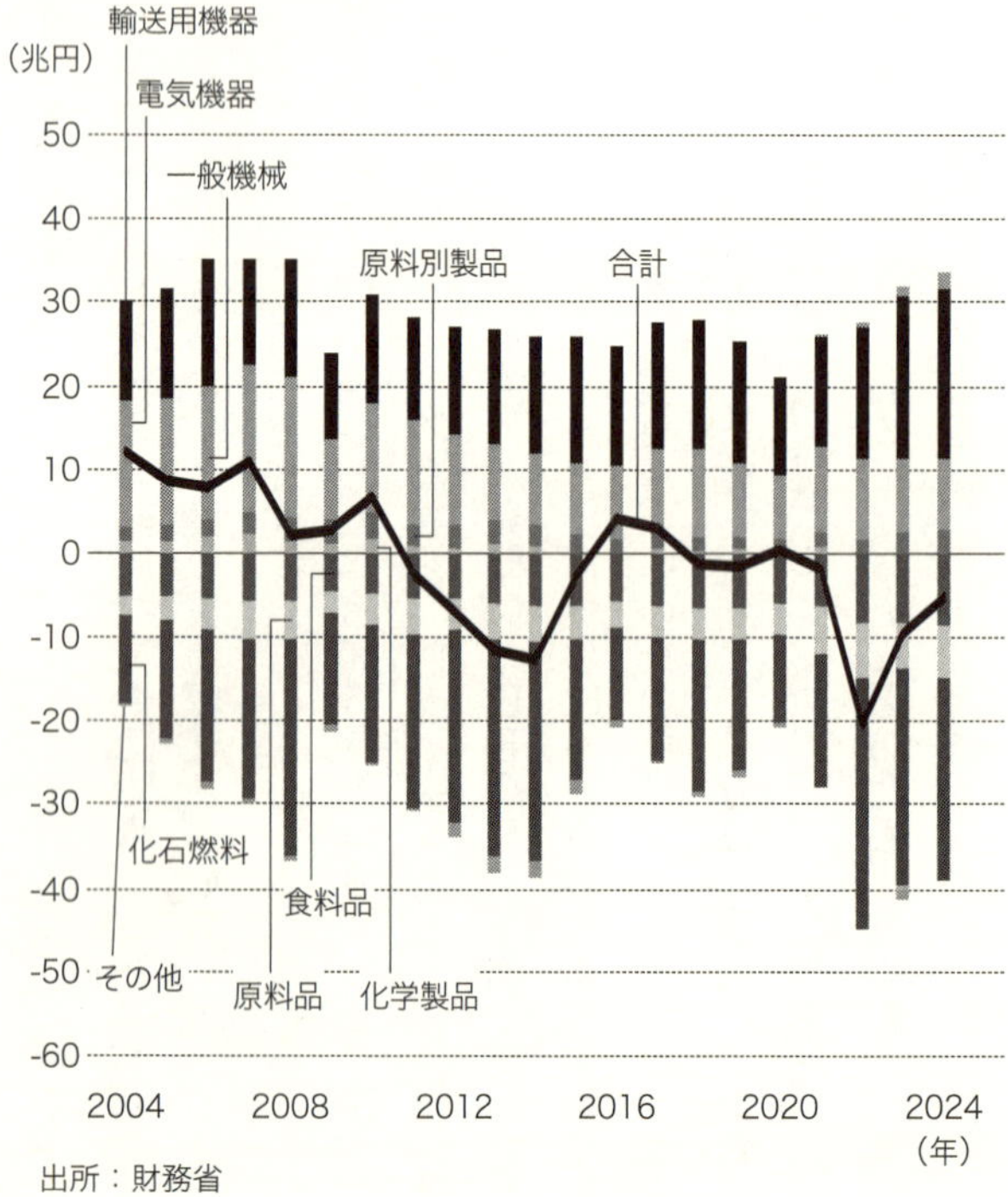

出所：財務省

考えられません。

2023年度の貿易収支において、化石燃料輸入は輸入全体の23・9%と、なかなかの存在感です。例えば、現在はまだ割合の低い再生エネルギーの活用が進み、化石燃料による発電の割合と逆転することがあれば、化石燃料輸入は縮小し、貿易収支への影響度が小さくなるというシナリオも描けます。また、原子力発電の割合を増やす、という手段もあります。2023年度の発電電力量（速報値）において、再生エネルギーの割合は全体の22・9%。原子力の割合は8・5%と、前年から割合を増やしていますが、国の掲げる2030年度の目標は、再生エネルギーを36〜38%、原子力を20〜22%にするという野心的なものになっています。この目標達成が達成されれば、化石燃料の占める割合が2023年度の68・6%から4割強まで縮小します。省エネ目標も同時に打ち出されており、資源エネルギー庁はエネルギー需要量が2023年度速報値の3・0億キロリットルから2・8億キロリットルまで削減するとの見通しを示しています。

この野心的な目標達成に向けた取り組みが順調にいけば、化石燃料の輸入は削減できる可能性があります。ただ、原子力発電施設の稼働に関する部分は政治的な面も大きいです。また、再生エネルギーは化石燃料による発電よりもそもそも「割高」であることから、再生エネルギーへの依存度拡大は物価上昇圧力となり、別の問題を生じさせる要因にもなるため、注意が必要です。

企業による日本拠点強化の可能性

ちなみに、円が安くなれば、企業の生産拠点が日本に戻ってきたり、海外企業が日本に生産拠点を作ったりすることが促され、日本の輸出が再び伸びるのでは、という期待も浮上するかと思います。

日本企業に関しては、日本政策投資銀行の「全国設備投資計画調査（２０２４年６月）」が参考になりそうです。

図6　製造業で「向こう3年で生産拠点を強化する」と答えた企業

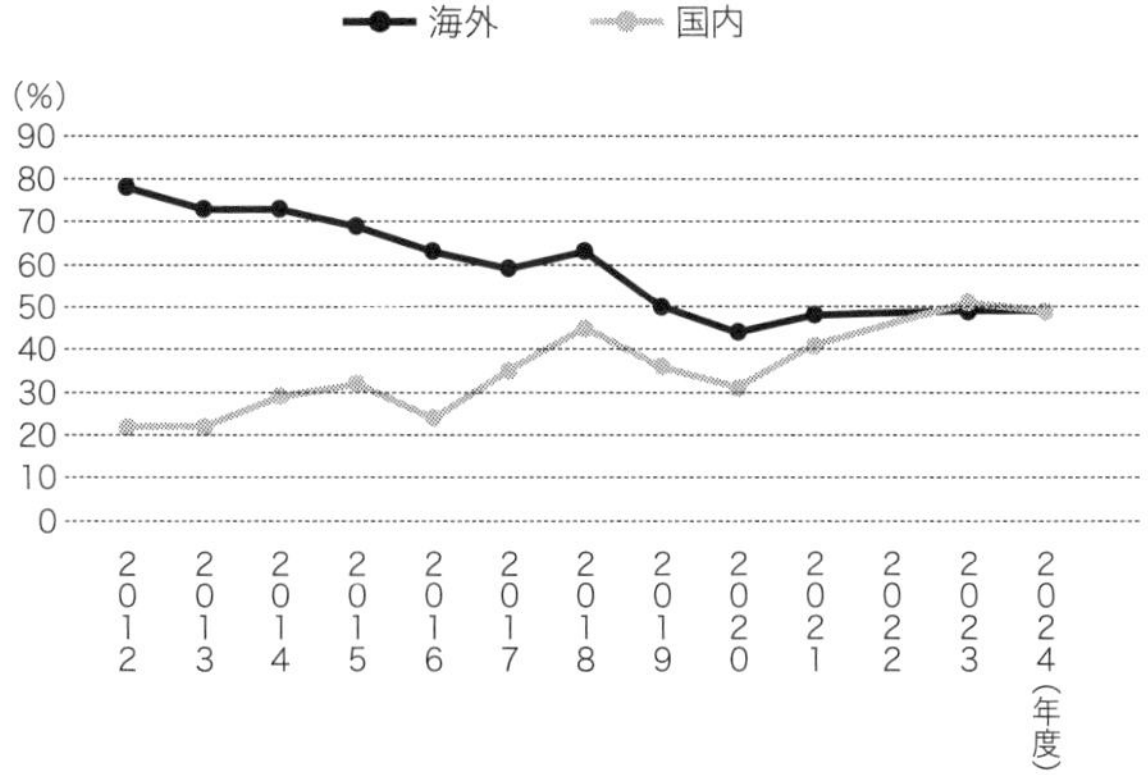

調査対象は民間法人企業（ただし、金融保険業を除く）
●資本金 10 億円以上の大企業 2,872 社
●資本金 1 億円以上 10 億円未満の中堅企業 6,398 社（地域別にて集計）
国内設備投資：大企業 1,643 社（回答率 57.2%）、中堅企業 3,730 社（回答率 58.3%）
海外設備投資：大企業 599 社（回答率 20.9%）

出所：日本政策投資銀行

これによると、製造業（大企業のみ７６０社）のうち、向こう3年で日本での生産拠点を強化する、と答えた企業は直近では49％と、半数近い製造業が国内の設備投資強化を計画していることがわかります。２０１２年度には22％程度だったことを考えれば、かなり上昇したと言えます。ただ、海外の生産拠点を強化すると回答した割合も49％で同等です。一時期に比べれば減少傾向ではありますが、「国内」と同程度には意欲は高いことになります。

もう少し詳しく見ていくと、サプライチェーンの見直しの内容について詳細を聞いた設問に対して、「海外拠点の国内回帰」と答えたのはわずか6％です。主な理由は「海外の仕入れ調達先の分散・多様化（36％）」「需要地での事業拡大（30％）」となっています。サプライチェーン見直しのきっかけを聞いた設問においては圧倒的に多かったのが「原材料価格の高騰（48％）」であり、ここには円安によって増幅されてしまった面はあるかもしれません。ただ、単に「円安」との回答は22％、「人件費の高騰」は18％にとどまっています。

図7　国内設備投資比率(ソフトウェア含む)

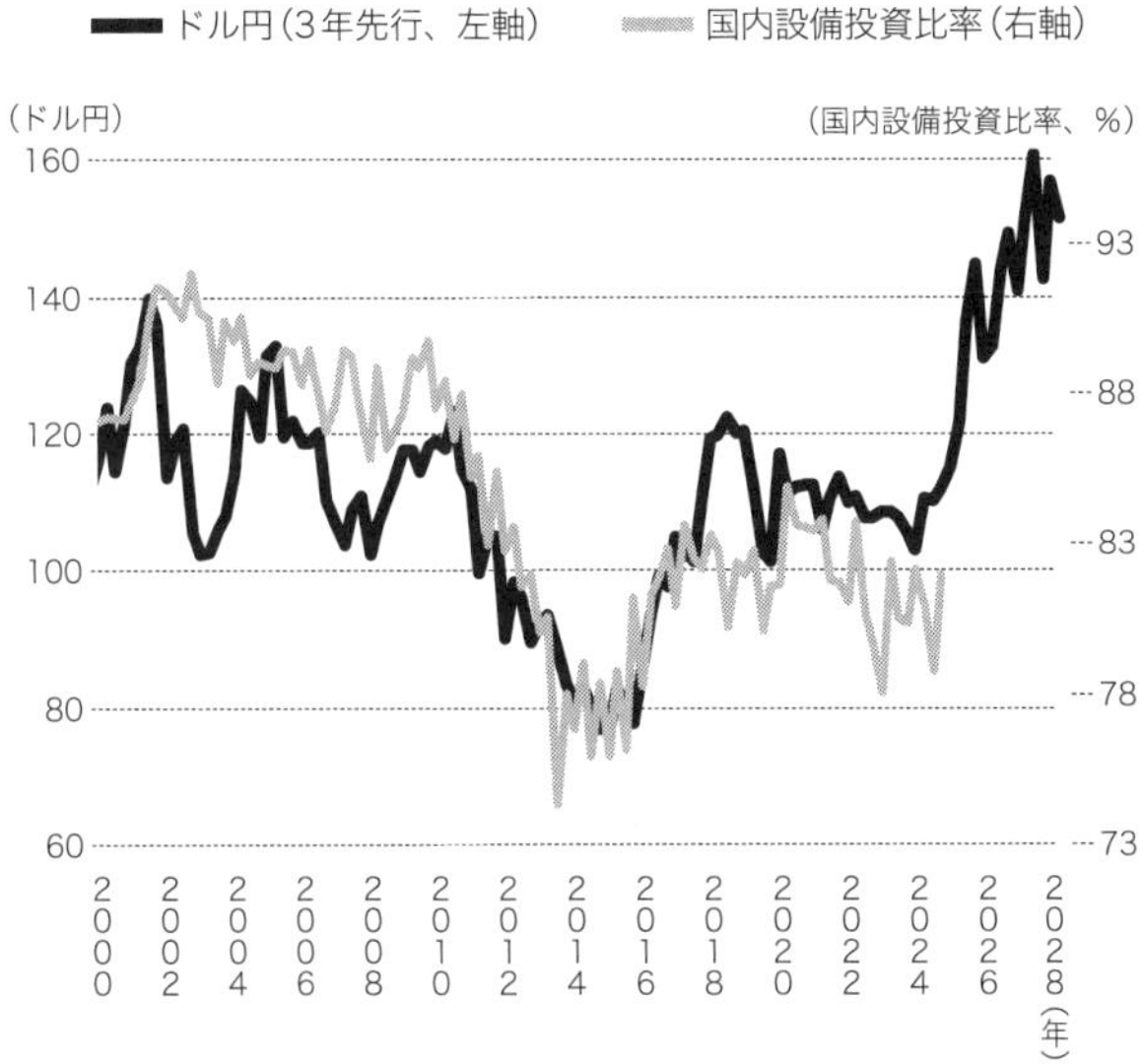

出所：財務省、経済産業省、SFGI
引用：SFGI　渡辺浩志　金融市場調査部長
「この円安を活かすには～国内回帰・対内直接投資・人手不足対応で高まる設備投資の重要性」(2024年6月)

総じてみれば、単に国内外ともに生産拠点の増強が見込まれており、日本企業が国内に海外拠点を回帰させる「強い流れ」があるとは言えません。しかし、それでも国内の設備投資を強化する様子は見受けられます。ここに円安が寄与しているとは言えそうです。ちなみに、私の所属するソニーフィナンシャルグループの渡辺浩志金融市場調査部長の試算（図7）によると、設備投資全体における国内設備投資の比率は、ドル円の値動きに3年遅行する形で相関しています。ここ数年の円安を考慮すれば、しばらくはシンプルに国内の設備投資は強化されていくのではないかとは見られます。

このように、「海外からの拠点回帰に伴う円買い」という動きは、企業の計画から考えるにあまり大きくないように見受けられる一方、円安によって国内の設備投資は強化され、ひいては日本の輸出そのものも強化される公算で、この点は円安がプラスに働いていると言って良いかと思います。

他方、海外企業による日本への拠点移転などは促進されるかどうか、というところも考えてみましょう。こちらについては、まだ課題が多そうです。

たしかに、賃金が安い日本において「円安」が進行すれば、海外からはその「割安感」が一段と魅力的に映る面もあるでしょう。ただ、企業としてビジネスを行うのに必要な要素は割安感だけではありません。というのも、現地で人を雇う（日本人の雇用増）ということだけではなく、海外から派遣されてくる人々もいるためです。そうなると、周辺環境として、英語など外国語を問題なく利用できることや、空港とのアクセスの良さ、あるいは海外から帯同した家族が住みやすく、子供の教育環境が十分に整っているなど、「海外人材が行きたい・住みたいと思ってくれる」ような魅力がその土地にないと、高度人材が定着しない可能性があります。

海外在住者の交流サイト「インターネーションズ」が毎年行っている「外国人居住者にとって最も住みやすい街ランキング２０２４」において、東京は53都市中25位という結果でした。分野別に見ると、公衆衛生や旅行・交通インフラなど加味した「生活の質」では6位、「個人の金融経済環境」は14位だった一方、「定住しやすさ」では29位、生活の必要なビザや住居、デジタル環境など「生活に必要なものへのアクセスしやすさ」は42位、「働きやすさ」ではなんと50位という結果でした。

出入国在留管理庁の発表によると、日本において2024年6月末時点の在留外国人数は348万8956人で過去最高を更新。最も在留外国人が多く住むのは東京で、約70万人と、全体の約2割を占めています。その東京でさえ、外国人居住者からの「生活する場所」としての評価は高いとは言えません。海外からの人材受け入れや海外企業誘致を促進するためには、改善すべき課題がまだまだ多いと考えられます。

なお、政府も対日直接投資を増やすために様々な対策を打っています。2023年4月、岸田政権（当時）は海外から人材や資本を呼び込む行動計画をまとめ、

２０３０年までの対日直接投資額の目標を、それまでの80兆円から１００兆円に引き上げました（残高ベース）。２０２４年には対日直接投資が初めて50兆円を超えています。ここからの伸びは期待されるところです。

まとめると、貿易収支において、緩やかな円安であれば輸出を行う大企業を中心にプラスであると言えます。ただ、その主流は「国内における設備増強」の流れであり、海外から拠点を移転させるという流れはあまり強くありません。国内生産拠点が強化されて輸出が促進された分、海外拠点への設備投資「も」進むのであれば、企業行動の部分だけ考えるならば円安が円安を呼ぶ流れのようにも見受けられます。

ただし、そうした中でエネルギー価格が高騰してしまえば、貿易収支には赤字方向に圧力が掛かり、円安は赤字を増幅させてしまう、という部分がネックになってくると考えられます。「エネルギー価格が高騰しない状況であれば」という条件付きで、「総合的には緩やかな円安はプラス」であるというところでしょうか。ただ、エネルギー価格については完全に外部要因であり、日本人がどうこうできる部分ではないため、頭の痛い問題です。

サービス収支：円安で膨らむ「デジタル赤字」と「インバウンド黒字」

日銀が2023年8月に行ったレビュー「国際収支統計からみたサービス取引のグローバル化」において、日本のサービス取引がわかりやすくなるよう、以下の5つに組み替えての分析が示されました。

①モノの移動や生産活動に関係するもの（以下、モノ関連収支）
②ヒトの移動や現地での消費活動に関係するもの（同ヒト関連収支）
③デジタルに関係するもの（同デジタル関連収支）

④金融や保険に関係するもの（同カネ関連収支）
⑤上記以外（同その他）

①は主に貨物などの輸送、各種加工や修理のサービス、知的財産のうちの産業財産権等使用料、研究開発サービス等が入っています。近年話題になることが多い「インバウンド」はこの中で言うと②のヒト関連収支です。③のデジタル関連収支の部分には著作権使用料や通信・コンピューター・情報に関するサービスや専門・経営コンサルティングサービスが入ってきています。④のカネ関連収支は主に、保険や年金、金融サービスなどが対象です。

サービス収支の規模自体は、2000年以降は年ごとに増減はあれど、受け取り・支払いともに拡大傾向です。しかし、収支として見ると1996年以降、ずっと赤字になっています。この赤字の主な要因としてよく挙げられているのが③の部分、「デジタル赤字」です。

デジタル赤字に関しては、今後増加が見込まれます。この中に含まれているものので皆さんに身近なものは多いです。例えば、ソフトウェアの製造・販売に始まり、クラウドサービスや動画・音楽の配信、ゲームのサブスク、ウェブ会議システム、インターネット広告スペースの利用料など……スマートフォンが常に身近にある生活をしている現代の我々にとって、切っても切れないものばかりです。

デジタル関連についても、支払いだけでなく受け取りも増加傾向ではあるのですが、支払いの伸びのスピードは受け取りの倍速以上のペースとなっています。支払い先の3分の1は米国です。円安になれば、円ベースでのデジタル関連赤字は当然膨らんでしまいます。日本もデジタル関連の収支を強化できれば、というところですが、果たして可能でしょうか。

デジタル関連収支で黒字額が大きいのが、アイルランド、インド、中国、米国、英国などですが、アイルランドは英語が使えて、かつ法人税が安い点が魅力。インドは人件費が安い上、ソフトウェア開発やＩＴ関連サービスに強みのある人材が豊富、という点が利点になっています。翻って、日本はまず英語で働ける場所・人材面で後れをとっています。さらに、日本の法人税率は高いことで知られています。税率は縮小傾向にはあるものの、実効税率（法人の実質的な所得税負担率）ベースでほかの国と比較すると、依然として高い水準であり、海外企業誘致の競争力は低いと言わざるを得ません。前述のような、外国企業の日本進出を推進する施策が求められる部分です。

一方、海外に提供できるデジタル関連サービスを日本で作ることができれば、デジタル収支にプラスにはなります。この点は今後、どれだけ国を挙げて促進できるかどうかです。ただ、そうはいってもＰＣのＯＳを含め、ここまで海外サービスの「日本人向けサービス」を手厚くする流れができてしまっている中で、それに代わるものを生み出すのはかなりハードルの高い事業と言えます。デジタルトランスフォーメーション（ＤＸ）を進めようとすればするほど、そのベースとなる海外サービスへの支払いが増える現状をひっくり返し、デジタル収支を黒字化させるイメージは、現状、持てそうにありません。この点については、円安は長期にわたってネガティブに働きそうです。

一方、②のヒト関連収支はどうでしょうか。目下のところ話題となっているのが「インバウンド」と呼ばれる、海外から日本を訪れる観光客による消費です。2024年のインバウンド消費額は8・1兆円と、2023年の5・1兆円を大きく上回る伸びを見せました。この規模は、他の主要輸出品目の輸出額と比較すると、自動車に次ぐ高額になっていました。

ソニーフィナンシャルグループの宮嶋貴之シニアエコノミストの試算によると、2024年のインバウンド消費額のうち、少なく見積もっても7割は円安によって押し上げられたと考えられます。円安が強い追い風になっている部分ですね。

ここからさらに円安が進めば、一段とインバウンド消費額は押し上げられるで

図8　2024年インバウンド消費額の押し上げ主因は円安効果

●インバウンド消費額の要因分解(クルーズ客除く)

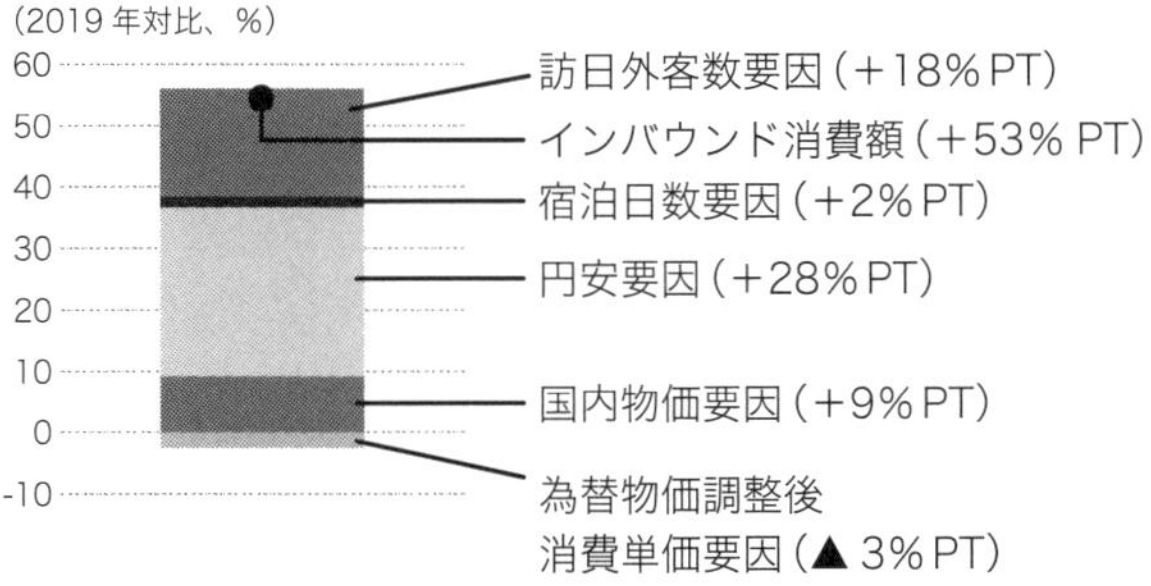

出所：観光庁、Bloomberg、総務省、Macrobond
引用：SFGI　宮嶋貴之　シニアエコノミスト
「2025 年インバウンド展望：訪日中国人消費の本格回復は始まるのか？」(2025 年 1 月)

しょう。ただ、「インバウンド」について、果たしてサービス収支の赤字を黒字化できるほどの力を期待しても良いのでしょうか。

円安が一段と進めば、インバウンド消費額は拡大していくと考えられます。ただ、ここまで歴史的な円安が進んできたわけで、同じような調子で円安が進むかどうかは疑問が残ります。では為替の水準が今とさほど変わらない前提で考えてみましょう。その場合、焦点となるのは「訪日外国人旅行者数が今後も伸びるかどうか」です。

日本の政府は2030年までに訪日外国人旅行者を年間6000万人まで伸ばすことを目標としています。2024年時点で約3687万人まで伸びており、旅行会社JTBは「2025年の旅行動向見通し」において、2025年は初の4000万人突破を見込んでいます。また、前述の宮嶋シニアエコノミストも国際便の増便や、日本政府による訪日中国人のビザ緩和措置等によって、JTBの見通しと同程度の伸びを予想しています。ただ、中国も景気が悪化していること

図9　訪日外国人旅行者数

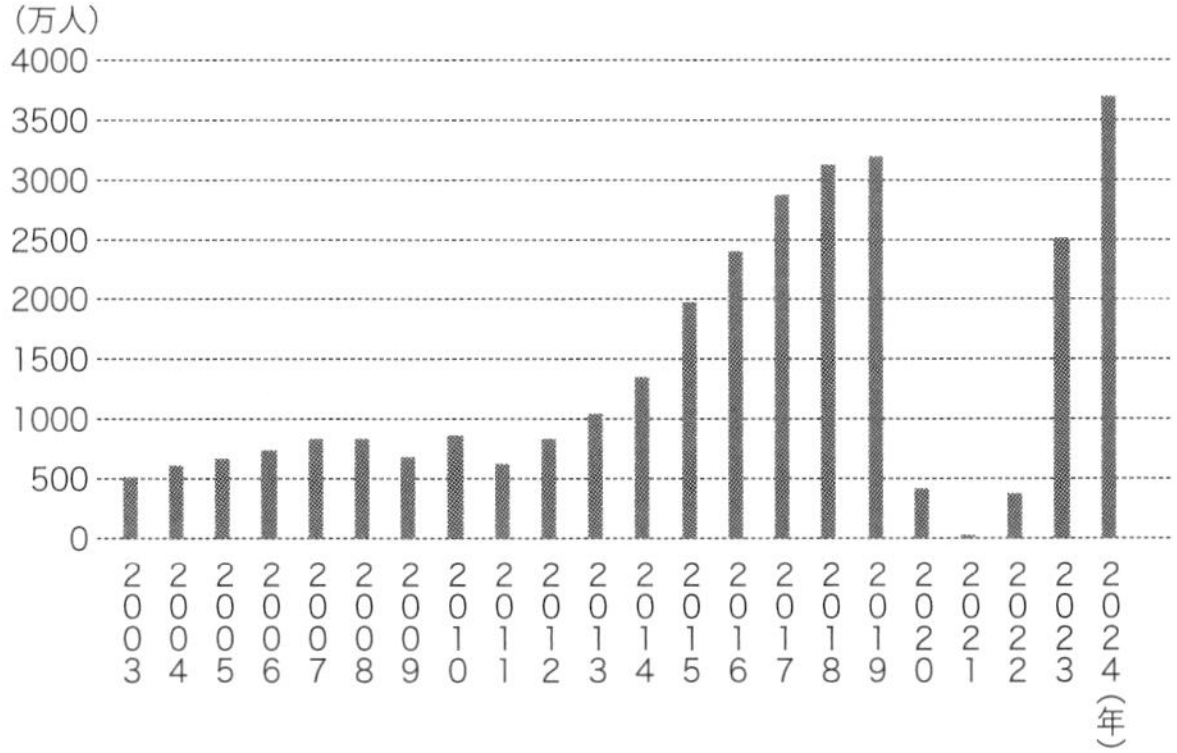

出所：日本政府観光局

により、もはや以前のような「爆買い」は期待しづらく、消費額増への寄与は割り引いて見る必要がありそうです。

また、足元では「オーバーツーリズム」も問題になっています。オーバーツーリズムは特定の観光地において、訪問客の急速な増加に受け入れる側の負荷が増し、訪問客の満足度も低下させてしまうような状況のことです。宿泊施設や交通網、外国語での観光案内などのインフラが足りていなかったり、観光客によるゴミ・騒音などが地域住民の生活や自然環境へ負の影響を及ぼし、地域住民の強い反発を引き起こしたりなど、様々な面があります。

オーバーツーリズムについては、根本治療には時間とお金が掛かるため、今後の訪日外国人観光客増加のボトルネックになってくる可能性があります。つまり、円安以外の要因について、ヒト関連収支の黒字を押し上げる要素の伸びは今後鈍化することも視野に入れるべきでしょう。円安の進行も仮に抑制されるならば、ヒト関連収支の伸びがサービス収支を黒字化させるというのは、かなり高めのハードルと言えそうです。

つまりサービス収支を総合的に見ると、円安は赤字を促す要因となり続ける可能性の方が高いと考えられます。

所得収支：黒字は今後も期待できるが、円転に繋がるのか

日本において、第一次所得収支が経常収支の黒字を稼いでいるのはすでに述べた通りです。第二次所得収支は赤字続きですが、先進国である日本が途上国を支援する流れは、日本が先進国である限りは続くと考えられますし、再保険料などに関しても海外への支払い超過の状況が変わるとは考えにくいです。ただ、第一次所得収支の黒字に対して第二次所得収支の赤字は小さいことから、今回は議論から外すことにし、第一次所得収支が経常黒字を稼ぎ続ける状況が続くのか、考えてみたいと思います。

日本の第一次所得収支は長期で見れば増加傾向です。過去から現在にわたり、巨額の資金を海外投資に向けて形成された資産です。なお、これは主に「証券投資収益」と「直接投資収益」の2つで構成されています。

「証券投資収益」は子会社等以外からの配当金や、国債やその他金融商品の利子などです。「直接投資収益」は支店や子会社等の収益・配当金及び再投資収益です。前者は企業が貿易などで稼いだ利益が長年投資に回った結果であり、後者は2010年前後あたりから進んだ生産拠点の海外進出の流れで増加していったものになります。

特に近年は「直接投資収益」の増加が目立っています。こちらは、例えば為替が急激に変動したからと言って、すぐに海外の子会社を増やしたり減らしたりすることはできません。貿易収支の部分でも触れた通り、円安によって国内の生産拠点を増やす流れこそ加速していく可能性はあるものの、企業における海外の生産拠点も強化する意欲は引き続き強いことを考えると、直接投資収益は今後も増

図10　第一次所得収支の推移

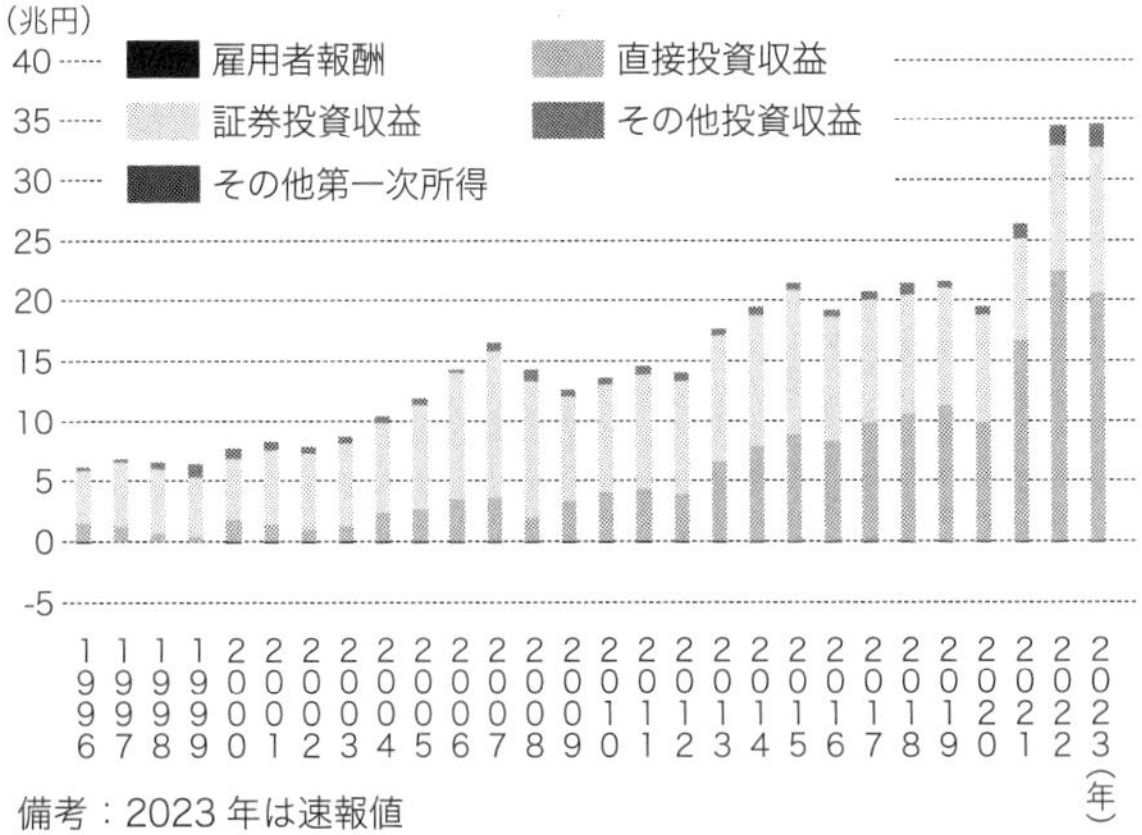

備考：2023 年は速報値
資料：財務省・日本銀行「国際収支統計」から作成

図11　直接投資収益と証券投資収益の推移

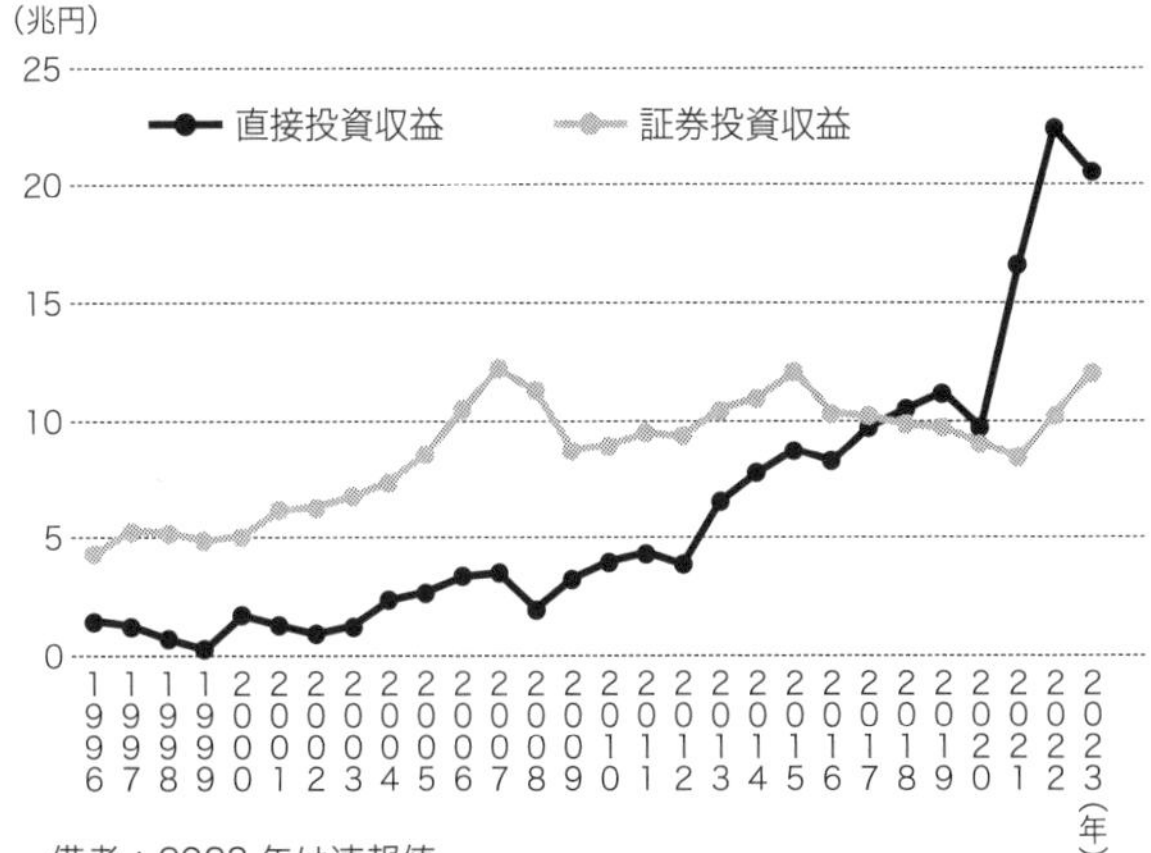

備考：2023 年は速報値
資料：財務省・日本銀行「国際収支統計」から作成

加していくと考えられます。

「直接投資収益」も「証券投資収益」も、ともに外貨建てのため、円安になれば当然円建ての額面では価値が増幅されますから、円安は素直にプラスに働くと言えます。


こうして見ていくと、経常収支の構造要因については、インバウンド消費額の増加がサービス収支の黒字圧力になることは今後も期待できる一方、それ以上にデジタル関連赤字は深刻化していきそうで、この点は円安の悪い面の方が強く意識される部分になります。ただ、第一次所得収支には円安がプラスに作用する状況が続くと考えられます。

懸念としては貿易収支の上でエネルギー価格高騰が起こった際の貿易赤字の大きさですが、これが起こる局面以外では、「経常収支にとって総合的には円安がプラスと言える状況」というのは続くのではないでしょうか。

第五章

円安は終わったのか？

経常黒字が続くなら円高になる？

前章までで、経常収支が黒字である状況はこれからも続きそうで、そうであるならば、日本経済にとって円安が総じてプラスに作用しそうだ、という話をしてきました。ただ、「経常黒字」というのは、教科書的には通貨高要因です。なぜ、これだけの経常黒字続きなのに、ここ数年にわたって円安が進んだのでしょうか。

これついては２つ論点があると考えられます。

１つは、今の日本の経常黒字による「円買い圧力」は弱まっているのではないか、という点です。

前章では、日本の経常収支は２０１０年以降、ほとんど第一次所得収支によって黒字化していることに言及しました。第一次所得収支は直接投資収益と証券投資収益の２つで主に成り立っています。この第一次所得収支、現地で稼いだ利益が再投資に向かいやすい、という特徴を持っています。

直接投資収益は支店や子会社等の収益・配当金及び再投資収益、証券投資収益は子会社等以外からの配当金や、国債やその他金融商品の利子などです。しかしこのお金を、日本に戻す必要はあるのでしょうか?


例えば皆さんが投資信託を持っていて、「まだ上がる!」と思っているとしましょう。年明けに確定申告があるからといって、一旦売って利益確定なんてせずに、そのまま持ち続けていると思います。配当もそのまま再投資した方が、複利の効果も手伝ってさらなる利益が狙えます。証券投資収益も同様で、再投資し続けた方が稼げるわけで、必要もないのにわざわざ円転(円に交換)させません。

直接投資の方は、もっと大変です。その国・土地でビジネスをしているわけですから、収益が出ており、まだまだビジネスを拡大するぞ! と思っているなら、利益を為替手数料を払って円に戻すなんてことは考えずに、現地で稼いだお金はそのまま現地で再投資し、ビジネスを継続していくのが通常かと思います。少々為替が荒れたからと言って、すぐにビジネスを拡大・縮小できるような柔軟性も低めです。

もちろん、例えば日本の本社で大きな損失が出てしまい、海外で出した収益を円に戻す、ということや、海外で稼いだ分を日本国内の設備投資に使う、ということはあるとは思います。そのため、第一次所得収支の黒字は円高圧力にはなると考えられますが、稼いだ額面そのまま円に還流するものではないとは言えるでしょう。

図1は日銀の2022年1月展望レポートにあった「海外生産比率と第一次所得」というグラフですが、これを見ると、第一次所得の受け取りは2020年時点で経常収支の受け取りの25%を占めていますが、再投資を除いた分のみを見れば20%ちょっとです。2021年以降、直接投資収益が大幅に増えていること(前章・図11)を考えると、外貨の円転割合はもう少し低下していてもおかしく

図1　海外生産比率と第一次所得

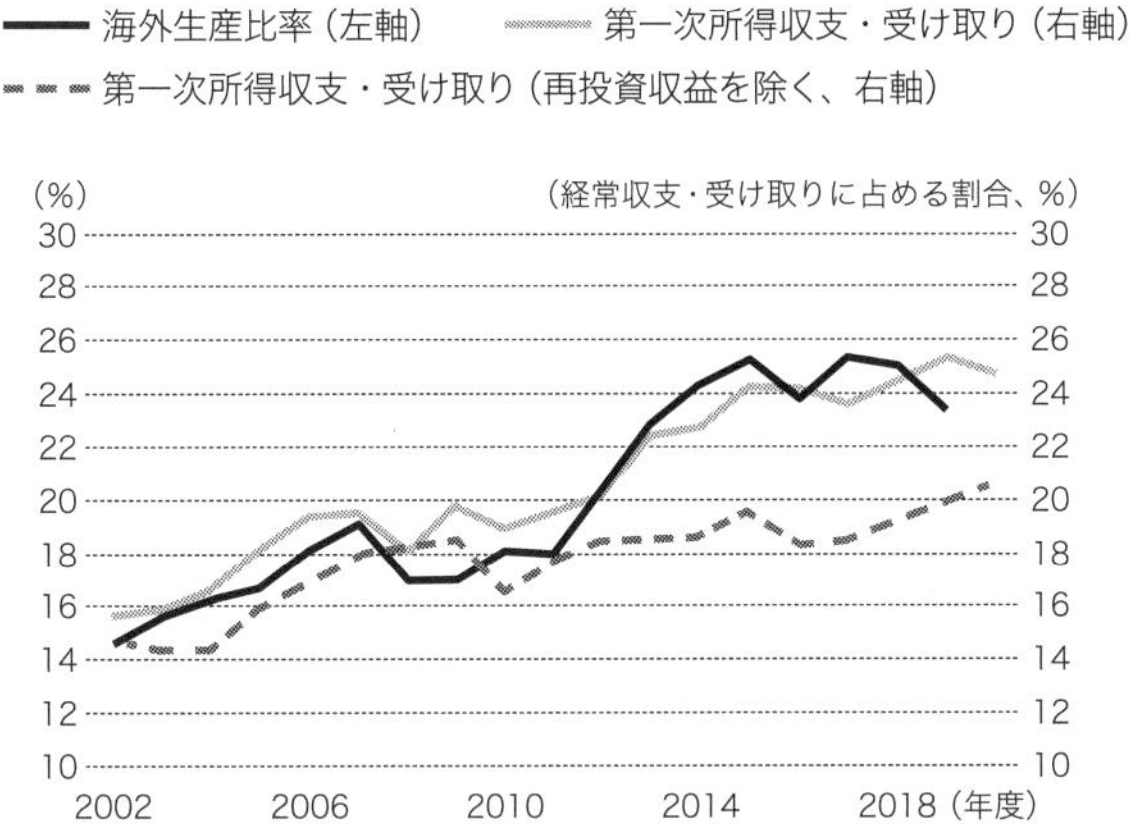

注：海外生産比率は、海外事業活動基本調査の国内全法人ベース（製造業における「現地法人売上高÷（現地法人売上高＋国内法人売上高）」）。
出所：経済産業省、財務省・日本銀行
引用：日銀「展望レポート」（2022年1月）

ありません。

つまり、日本の経常黒字は見た目ほど円高圧力にはなっていない可能性があります。試算の仕方、そして今後のエネルギー価格やデジタル赤字の状態次第では、経常収支が表面上黒字でも、円の動きとしてマネーフローベースで見た場合には、実は赤字（つまり、円安圧力）になっている可能性さえ出てきます。


2つ目は、外国為替市場の主役は実需ではない、という点です。

第二章でも述べた通り、外国為替相場の取引はその大部分が投機的なものであり、非金融顧客による取引は1割に満たない状態です。主役である投機筋は、経常収支を見て取引をすることはあまりありません。日々の金利や株の動き、物価を受けた金融政策の動向、政治による影響等を見ながら取引しているのです。そして、第一章でも触れた通り、ここ数年のドル高・円安は日米両国の金融政策とその思惑で外国為替相場の方向感が決まってきていました。金利がもたらす圧力が大きく、実需のもたらすエネルギーは相対的に非常に弱かったと言えます。

ただ、ここで思い出しておきたいのが、実需の動きは一方通行、というところです。つまり経常収支が黒字であれば、一方通行的に円高の圧力が一定程度生じますし、赤字であれば円売りが積もり続けていくわけです。

日々の値動きは投機筋による動きがメインであり、実需の動きはほとんど問題視されません。しかし、日本の構造変化によって経常黒字でも、第一次所得収支の黒字分の一部しか日本に戻らず、デジタル赤字やエネルギー価格の高騰で貿易赤字が深刻化すれば、一方通行の円売りが根雪のように積み上がっていくことになります。これはとても長い目線で見た「円安」要因になります。

米国景気が循環する中でドル高とドル安が繰り返された歴史

第三章の冒頭でも触れた通り、ここ30年くらいのドル円はおおむね、70円台後半から150円くらいの幅で推移してきました。この間、ドル円はざっくりといえば、米景気が強くなり、米金利が上昇すればドルが買われ、米景気が悪化し、米金利が低下すればドル安が強まる、という状況が続いていました。

「金利差」が重要であるならば、当然日本の金融政策も重要になるわけですが、日本は長い間デフレが続き、金融政策は低金利もしくはゼロ金利政策が長期化。金利面で大きな変更がなかったことから、市場における日銀の金融政策への関心は非常に小さかったと言えます。そのため、主に米国の景気循環の中でドルが動いてしまった面は大きいです。

しかし、日本でもインフレが進み、2024年3月から日本は利上げフェーズ入り、2025年1月には政策金利は0・50%まで引き上げられました。これは2007年2月~2008年10月以来の高水準です。そして日銀は引き続き利上げを視野に入れた状態です。このように日銀が金融政策を動かし始めたことで、市場関係者も日銀の金融政策に注目し始め、それに伴い、日本の経済指標への注目度も高まりました。

そこで、今後の日米の経済や金融政策、それらに対するドル円の反応について、考えてみましょう。

米国経済と金融政策のカギを握るのはトランプ大統領とインフレ

まず、2025年1月までの段階で、米国経済がどのような状況にあるか整理していきたいと思います。

2024年9月より、米国の中央銀行である連邦準備理事会（FRB）は、物価の減速を確認しつつ、同様に減速が見られつつあった労働市場について、これが過剰に腰折れしないように「予防的に」利下げを実施しました。これが奏功したのか、2024年末の米国経済は非常に強い状態でした。

米国の金融政策を決定する連邦公開市場委員会（FOMC）は、四半期に1回

「ドットチャート」と呼ばれる経済・金利見通しを発表し、そこではFOMCに参加するメンバーの予想が示されます。政策金利の0・50ポイント引き下げが決定された2024年9月時点でのドットチャートを見ると、「2025年末までには3・375%、2026年末までに2・875%、その後は据え置き」との予想中央値となっていました。

しかしその後の経済指標の良好さを受け、2024年12月のFOMCでは、「2025年末までに3・875%、2026年末までに3・375%、2027年末までに3・125%、それ以降に3%まで低下する」との見通しに修正されました。つまり、利下げのペースは9月の想定よりもだいぶ緩やかなものになる上、終着点も引き上げられ、「以前の想定ほど下がらないだろう」との見方に変更されました。

この背景にあるのが、米国の予想以上の経済の強さと、2025年1月20日に米国の大統領に返り咲いたトランプ大統領による「不確実性」です。

図２　米FOMCのメンバーによる政策金利（FF金利）見通しの変化

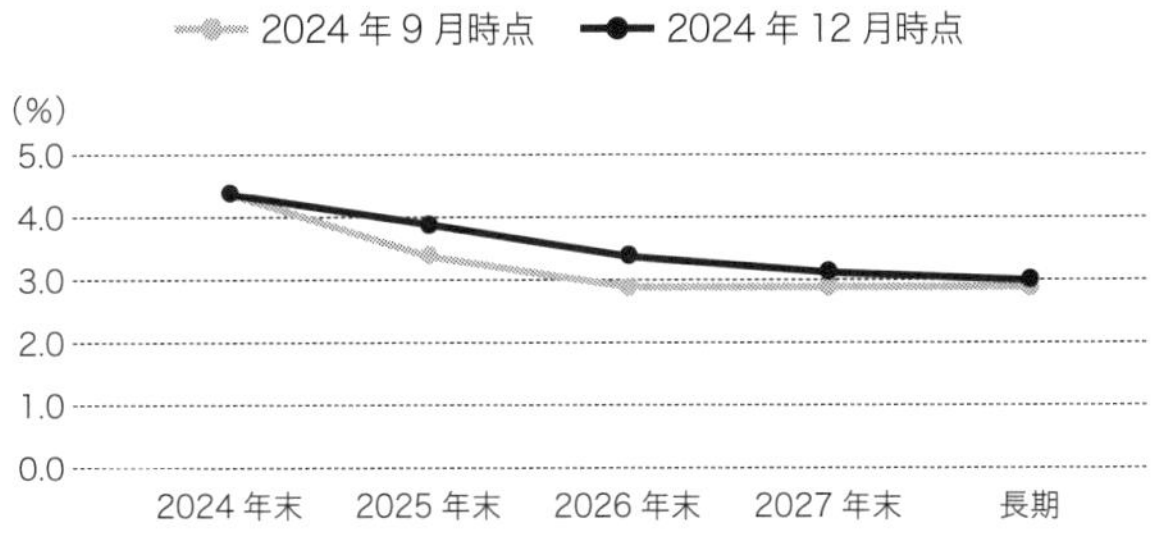

出所：FOMC

経済が強いということは、利下げが行き過ぎると景気が過熱し、インフレが再加速して早期に利上げを再開しなければいけなくなるリスクがあります。もちろん、利上げという景気に逆風となる政策に切り替わっても、それに耐え得るほど米経済が強ければ問題ありません。ただ、2025年初めの時点で、米経済は「予想したよりも強い」のは確かである一方、果たして早期の利下げ終了と利上げ再開に耐えられるほど強いのかは不安視されるところです。

適切な利下げペースと利下げの停止、利上げの再開などは、適宜経済データを確認しつつ慎重に判断されるところですが、ここで攪乱要因となってくるのがトランプ大統領の動きです。

トランプ大統領が就任前に打ち出していた経済政策はいろいろありますが、おおまかに方針を整理すると、①トランプ減税の恒久化によって景気を刺激、②国内の製造業を守るために海外からの輸入品の関税を強化（特に中国）、③移民政策の規制強化、④化石燃料増産促進、と整理できます。

この中で、①②③は主にインフレに加速圧力をかける政策、④はインフレ抑制的な政策になります。①で、ただでさえ底堅い米経済に刺激を与えれば景気が過熱し、物価には上昇圧力になりますし、②については、米国はもはや輸入なしには人々の生活はままならず、関税は小売価格に転嫁されますので、そのままインフレ圧力となります。③についても、労働人口が減少すれば賃金には上昇圧力が掛かり、これもインフレ圧力です。他方、④については、グリーンエネルギーは生産コストが高いため、これを化石燃料へ切り替えることはインフレ圧力を抑制する要素になります。これらが実現されれば、④が①②③を相殺する部分はあるとしても、基本的にはインフレが早期に再加速するだろうという観測が広がり、市場関係者には緊張が走りました。

もっとも、トランプ大統領は、実現困難な難しい要求を相手に投げかけ、譲歩しつつも結果として利益を取る、「ディール（取引）」と呼ばれる交渉スタイルを多用する傾向にあることは、2017年から2020年までの政策第一期からよく知られています。つまり、就任前に出された公約の大半は「無理な要求」で、どこかで得できれば良いというスタンスであり、そのまま実現されるものではないと捉えるべき部分になります。

とはいえ、どの政策がどのタイミングで、どんな強度で行われるかはトランプ大統領の胸先三寸で決まるということもあり、市場関係者もエコノミストも、FRB（米連邦準備制度理事会）でさえも、経済を予測するのがこれまで以上に困難を極めるという状況に陥っています。

これが、トランプ大統領がもたらす不確実性の背景です。

前政権のとき、貿易戦争絡みの交渉が始まったのは就任から1年ちょっと経った2018年3月からでしたが、今政権では就任前から「関税」を盾に様々な国々に要求を通そうという姿勢が見受けられ、展開が進むのが非常に速い様子です。皆さんのお手元にこの本が届く頃には、米国の政治情勢はトランプ大統領の

図3　トランプ大統領が就任「前」に掲げた主な公約

貿易	・対中関税60% ・その他一律関税10% ・中国の最恵国待遇除外
移民・国境	・合法移民のビザ発給制限 ・不法移民の取り締まり強化 （壁建設、軍配備など）
環境	・パリ協定などから離脱 ・EV普及目標撤回 ・化石燃料増産推進
財政	・所得税減税の全面的な延長 （最高税率39.6%→37.0%） ・法人税減税（35%→21%）

出所：米共和党、各種報道より

就任当初から大きく変化し、それを受けてＦＲＢの経済見通しも大きな修正が行われている可能性があります。

日本は引き続き「賃金と物価の好循環」が焦点に

第一章でも触れましたが、日銀は物価について、外圧である「第一の力（原油価格高騰や円安などによる輸入物価上昇）」から、国内の「第二の力（賃金と物価の好循環による基調的な物価上昇）」へのシフトが肝要というスタンスを２０２５年１月時点では維持しています。

政策金利がどこまで引き上げられるか、という議論において重要なのが、「中立金利」です。これは、「景気を過熱させも冷え込ませもしない、実質金利である『自然利子率』に期待インフレ率を加えたもの」で、この水準を政策金利が下回っている限りは緩和的な金融環境が維持され、景気拡大を伴った利上げが可能であると言われています。

自然利子率や中立金利は、人口動態や生産性などをもとに慎重に推計されるもので、決まった式にデータを入れてポンと答えが出るタイプの数字ではありません。不確定な要素も多く、推定手法も様々にある中、日銀は2023年12月以降、1〜2・5%と幅をもった中立金利を提示しています。つまり、政策金利は1〜2・5%あたりまでは上昇する余地があると考えることができます。

ただ、日銀の利上げのペースについては、米国と同様に「経済データ次第」というところは常に強調されています。第一章の図8でも示しましたが、日本の実質賃金は2022年以降、ほとんどの時期において前年比マイナスの状態になっていました。インフレが進んでも賃金上昇率がそれに負けていて、実質ベースでは所得が減り続ける状態が長期化する中では、国内の消費を伸ばすのは至難の業です。インフレが加速したからと言って、中立金利へ向けた利上げを拙速に進めてしまえば、やっと広がり始めた賃上げの波を打ち消してしまうのではないか、との懸念があります。

日銀は、政策金利から期待インフレ率を引いた「実質金利」が依然として大幅にマイナスの状況が続き、日本の金融環境は引き続き「緩和的」な状況が維持されているため、これが経済をサポートし続けていくとしていますが、これがしっかりと賃上げに繋がっていくかを慎重に見定める必要がありそうです。なお、これまで日本の賃金が上がらなかった理由として、①「労働生産性」が伸びないこと、②「労働分配率」が上がらないこと、などがよく挙げられます。

賃金を引き上げて名目賃金が上がっても、その分が物価に転嫁されればインフレが加速し、実質賃金は伸びないという事態になります。これを解決するには、1単位の労働投入量に対する成果物を増やす、つまり生産性を上げることが必要です。

企業は成果物を同じ労働投入量で割安に作ることができるため、稼いだ利益を全て賃上げに使いきらない限り、販売するときの価格に転嫁する必要はなく、インフレを加速させません。そのため、実質賃金はプラスになります。

一方、労働分配率は企業が創出した付加価値における人件費の割合で、つまり、労働者がどれだけ賃金や福利厚生費などを得られているか、ということを示す指標になります。

1人当たりの実質賃金の伸び率は「労働生産性×労働分配率×交易条件（GDPデフレーター／消費者物価指数）」で計算されます。そのため、実質賃金が下がっているのであれば、この「労働生産性」「労働分配率」「交易条件」のどれか、もしくは複数が下がっていると考えられます。

それぞれの項目について、日銀の植田総裁が2024年12月25日に行った「2％物価目標の実現とわが国経済―日本経済団体連合会審議員会における講演

図4　労働生産性

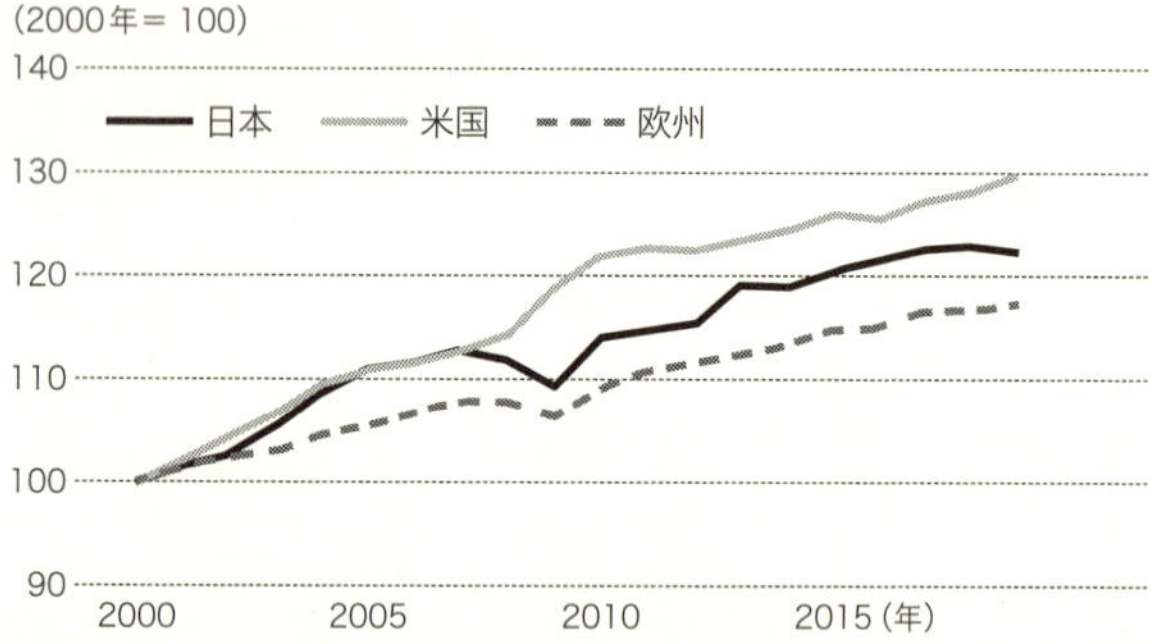

図5　実質賃金の変動要因

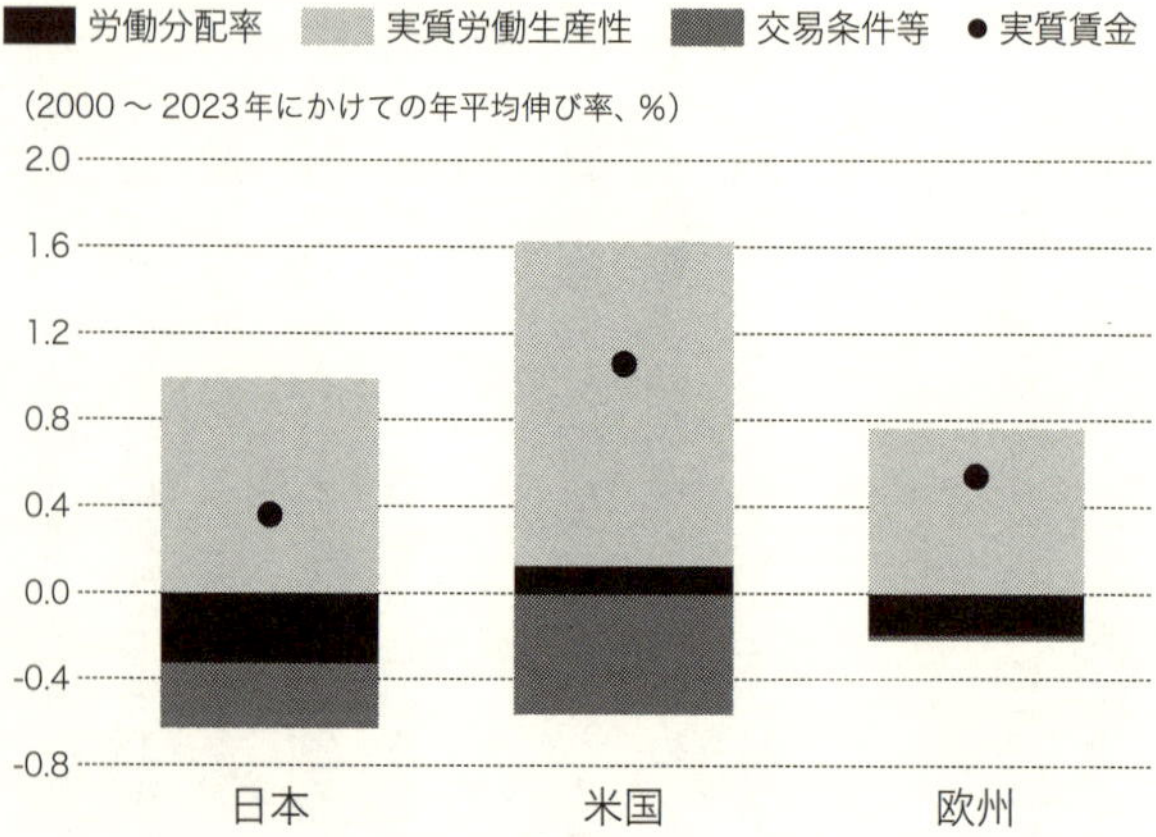

注：実質賃金および実質労働生産性は、労働時間当たりの値。図5は、以下の式に従って実質賃金の変動要因を分解した結果。実質賃金＝労働分配率×実質労働生産性×（GDPデフレーター÷家計最終消費支出デフレーター【＝交易条件等】）
出所：内閣府、総務省、厚生労働省、HAVER
引用：植田日銀総裁「2%物価目標の実現とわが国経済─日本経済団体連合会審議員会における講演」

――」で、以下の考察を示しました。

①労働生産性は米国ほどではないにせよ、欧州よりは高く、先進国として遜色のない水準となっていた

②しかし、その労働生産性の伸びほどには実質賃金は伸びておらず、分析すると、原因は労働分配率の低下と交易条件の悪化が要因である

交易条件の悪化というのは、「輸出物価と輸入物価の比率」の悪化であり、「より高い価格で輸入し、より安い価格で輸出することを通じて、貿易活動に伴い所得が海外に流出すること」を意味するとされ、背景にあるのはエネルギー価格等の上昇などに伴う輸入物価の上昇だと植田総裁は説明しています。これについて、本来であれば企業が国内で魅力ある商品を開発するなどし、輸出価格を引き上げたり輸出数量を増やしたりして、輸入物価上昇の影響をある程度相殺することが

できたはずでした。しかし実際に起きたのは、世界貿易に占めるシェアの低下と、コストカットによる輸出価格の低下だったというように植田総裁はコメントしていました。

こうした企業行動の結果として起こった実質賃金の伸び悩みが内需の低迷を招き、企業の投資行動の一層の抑制に繋がったとされています。賃金も物価も「動かない世界」における苦い経験ですね。

この講演で植田総裁は、今まさに訪れつつある「賃金・物価が『ともに緩やかに上昇する世界』」の中で、企業の行動に変化の兆しがあることを指摘。実質金利マイナス下では、投資を先送りして将来の不確実性に備え現預金を積み上げる戦略の機会コストは大きく、研究開発など前向きな投資が行われやすくなればイノベーションを生み出す余地に繋がるなどとして、今後に期待を残しました。

確かに前向きな投資の下で生産性が向上すれば、実質賃金には上昇圧力となるでしょう。ただ、同時に、労働分配率が低水準にとどまり、交易条件が改善されないことには、生産性の向上は相殺されてしまいます。交易条件の改善については、第四章でも触れた国内設備投資の増強とエネルギー価格には特に今後も注目したいところですが、容易ではなさそうです。日本の賃金と物価の好循環を巡る旅はまだまだ続き、我々金融市場関係者が一喜一憂する展開も継続すると見られます。

重要なのは「市場の織り込み」と「事実」の乖離

さて、ここまで、日米の金融政策を考える上で、2025年初め時点の「現状」を押さえてきました。ここから、ドル円相場を考える上で、各種データをどう見ていくべきでしょうか。

まず、米ドルの値動きを考える上では、ＦＲＢの動きをどう捉えるべきか、考えてみましょう。

米国の政策金利はフェデラル・ファンド・レート（ＦＦ金利）と呼ばれていま す。米国における銀行が中央銀行に預けている預金（準備預金）を貸し借りする市場をＦＦ市場と呼び、ここで形成される金利がＦＦ金利です。ＦＲＢの発表する政策金利とは、このＦＦ金利を市場操作で誘導して実現されます。

さて、ニュースなどで「市場は次回ＦＯＭＣでの利下げをほぼ１００％織り込んでおり」など、「●％織り込む」という表現を聞いたことがある方もいるのではないでしょうか。この「織り込む」の根拠になっているのが、ＦＦ金利先物です。

金利先物とは、将来の金利を予約する取引で、ＦＦ金利先物は、将来のＦＦレートを予約する取引です。これは、将来のＦＦレートを市場がどのようになると考えているのか、ということを反映する動きになります。このＦＦ金利先物をベースに算出されたのが、「●%の織り込み」というものです。

市場関係者は日々、米国の金利の動きを注視しています。そのため、FF金利先物市場の動きを受けて、外国為替市場でもドルを売ったり買ったりして、金融政策を「●%織り込んでいる」ときの状態にドルの持ち高を調整するのです。

この織り込みは各種経済指標やFRB要人、政府要人の発言、その他様々な材料を眺めつつ調整されていきます。例えば市場が次の1カ月先のFOMCで利下げを8割ほど織り込んでいた中で、米国の雇用統計が非常に強い結果だったとします。そうすると、1カ月先のFOMCで本当に利下げが必要なのか？　という疑念が生じ、FF金利先物市場における1カ月先のFOMCでの利下げの織り込みが6割程度まで後退し、米金利は上昇。これを眺めて、ドルは買われたりするわけです。

逆もまたしかりで、例えば次のFOMCでの金融政策据え置きが8割ほど織り込まれていた中、発表された米消費者物価指数が市場予想よりも大幅に伸び加速となっていたことで、市場は据え置きの織り込みを後退させ、利上げの織り込みを5割まで進め、その中で上昇した米金利を眺めつつドルは上昇、といった具合になります。

一方、円の動きを考えるにあたって重要になる、日本の政策金利についてはどうでしょうか。

日本の政策金利は、正式には「無担保コール翌日物レート」と言います。「オーバーナイト物」とも呼ばれ、FF市場と同様に、金融機関が日々の短期的な資金の過不足を調整するための取引をするコール市場において、無担保で資金貸借するもののうち、約定日に資金の受け渡しを行い、翌営業日を返済期日とするものにかかる金利です。

FF金利の市場予想がFF金利先物に表れるように、日本の無担保コール翌日物レートについては「オーバーナイト・インデックス・スワップ（ＯＩＳ）」を用いて市場の金融政策の織り込みをはかったりします。

ちなみに、日米ともに、中央銀行は経済の見通しをおおよそ2年くらい先まで立てつつ、足元の金融政策を運営しています。そうした中で、金融政策を睨みつつの外国為替相場の取引というのは、1日未満の超短期から、おおよそ1〜2年くらい先を睨みつつ取引されているというイメージです。

日米における金利差の行方

さて、日米のそれぞれの織り込み度合いは、両国の金融経済環境次第で変わりますが、その変化と、ドル円の動きについては次ページの図6のような形が想定されます。日米でともに通貨安圧力が掛かる局面や、逆にともに通貨高圧力が掛かる場合、サプライズの度合いや投機筋のポジションの傾きなどによってどちら

図6
市場の織り込みに変化が出た際のドル円の方向感

	日本の利上げペースが市場の織り込みよりも速まる（との観測）	日本の利上げペースが市場の織り込みよりも緩やかになる（との観測）
米国の利下げペースが市場の織り込みよりも速まる（との観測）	ドル安・円高	ドル安・円安（ドル円は乱高下か、ややドル安の方が強く出る可能性）
米国の利下げペースが市場の織り込みより緩やかになる（との観測）	ドル高・円安（ドル円は乱高下か、ややドル高の方が強く出る可能性）	ドル高・円安

の通貨安（or通貨高）が強く出るかは変わります。しかし、ポジションの傾きが極端な状況でなく、かつ市場が両国の金融政策の織り込みの調整に当たって大きなサプライズを伴わない場合、経済規模が大きく影響力の強い米国の通貨の事情の方が、相場に強く反映される傾向が見られます。

こうした点を踏まえ、日米の金利差はどうなっていくのでしょうか。

元々米金利の方が日本より高い状況が長く続いていましたが、米国の政策金利が利下げ方向に動き、日本の政策金利が利上げ方向に動くことで、名目金利の差は狭まりつつあります。絶対値として米金利の方が日本の金利より高い状況は続いていますが、米金利は引き下げ方向のためドル安圧力、日本の金利は引き上げ方向のため円高圧力が掛かっているという状態です。これだけ見ると、米国の利下げ局面が続く限り、また日本の利上げ局面が続く限り、ドル安・円高が進んでしまうように見えます。

ただ、前述のように、短期〜2年先くらいの中期的な外国為替市場を見る上で重要なのは「市場の織り込み」に対して「どのような修正圧力が生じるか」です。そしてもう一つ重要なのが、その際には物価と金融政策以外の要素も考慮に入れる必要があるという点です。

仮にトランプ政権が打ち出す様々な政策によってインフレが早期に再加速することを市場に連想させる流れとなれば、FRBが早期に利上げ方向へ金融政策を転換させるのでは、との観測の下、ドル高圧力が高まるでしょう。それは仮に「FRBの利下げフェーズが完了していなくても」起こり得ます。ただ、そうした早期利上げ観測は経済を冷やすとの観測にも繋がり、米国株の下落要因にもなり得ます。そうなれば、一旦ドル高に振れた後にドルが改めて売られるという複雑な値動きになることもあり得るのです。

逆に、トランプ大統領の政策の想定が恐れていたほどインフレ圧力を強化するものにはならなそうだ、という安心感が広がる場合はどうでしょうか。一旦は

「インフレ圧力が高まるかも」という警戒感がやわらぎ、米金利は低下し、ドル安に振れる可能性があります。しかし利上げが遠のいたという観測から株価にはプラスになります。これをもって米国株が上昇し、米ドルも却って買われる、という展開もあり得るわけです。

他方、トランプ大統領が減税政策の恒久化に加えて、さらなる財政刺激を行う場合はどうでしょうか。景気にはプラスと判断され、米国株は上昇すると考えられます。また、過度な景気刺激はインフレ圧力を高めるため、利上げ早期化観測に繋がり、米金利は上昇するでしょう。この場合、米ドルには上昇圧力が掛かると考えられます。しかし、以前から米国では財政赤字の問題も深刻に意識されている状態です。財政赤字拡大を債券市場ではネガティブに受け止め、米国債が売られる、という状況になると、米金利は上昇しますが、米ドルは売られる可能性があります。

どのようなシナリオが目先のところ、市場で注目されやすいのか、実現可能性が高いのか。これを見定めるのが私たちのような為替アナリストの仕事になります。ここに挙げたシナリオは、考えられるもののほんの一部です。さらにここに、日本の金融政策に絡む思惑による円の値動きも絡んで、ドル円の値動きは複雑化していきます。アナリストは、金融政策睨みの相場においても、多くの前提条件を積み上げた上で見通しを出しますが、足元のような「トランプ大統領がいつ、何を始めるのか予測困難」という状況では、どうしても状況の変化に応じて見通しの修正が高頻度化してしまう可能性が高いです。

この章のタイトルである「円安は終わったのか」という問いに対しては、短期~中期的には不確実性が高く、「そうである可能性もあるし、そうでない可能性もある」としか言いようがありません。

ただ、本稿執筆時点のトランプ大統領の動向と米国経済データを眺める限りでは、米国の経済状況はそれほど悪化せず、「乱高下しつつも落ちついてみればドル高・円安」という状況になるのでは、という動きをメインシナリオに置いています。他方、長期的に見た場合、経常収支の構造変化などによって円高圧力が減殺され、円安が進みやすくなっている可能性があると考えています。

第六章

「まさか」は起こり得る？

「地政学リスク」という波乱要因

「地政学リスク」とは、ある特定の国や地域における政治的、軍事的、社会的な緊張の高まりが地理的要因と絡まり、その地域及び周辺、そして世界経済や企業の活動などに多大な影響を与えるリスクのことです。例えば戦争や内戦、テロ、地域紛争、政権交代、クーデター、自然災害などが挙げられます。

地政学リスクはなぜ金融市場に影響を及ぼすのでしょうか。それは、地政学要因によってエネルギー資源や鉱物、食料などの生産や輸送に支障をきたし、販売が停止されたり、事業の継続が困難になったりと、経済活動に著しい悪影響を与える恐れがあるためです。

スウェーデンのウプサラ大学による紛争データプログラム（ＵＣＤＰ）の集計によると、世界の武力紛争件数は増加傾向にあります。発生している地域の多くはアフリカ、次いでアジア、中東、欧州、米国大陸という順で、２０１０年以降の増加が顕著です。さて、私たち金融市場関係者は、絶えずこうした地政学的要因を意識しているでしょうか。答えは否です。

地政学リスクがこと外国為替市場に影響するとき、

①その事象が、グローバル経済に著しい影響を与えそうだという観測が広がる場合

②当事者が大国同士でなくても、その事象が大国の代理戦争と化し、大国の武力介入の可能性が意識される場合

等が主に挙げられます。

①は冒頭で述べた通り、コモディティの生産・輸送・販売などに影響を及ぼす場合です。ロシアのウクライナ侵攻などは、第一章でも触れた通り、エネルギー

資源の輸送、穀物や鉱物資源の生産・輸出に支障をきたし、世界経済が大いに動揺する事態となりました。

②に関しては、例えば2011年から続き、2025年初めでもなお終わりの見えないシリア内戦が挙げられます。アサド政権側に回ったロシアやイランと、打倒アサド政権を目指す反政府組織支援に回った米国やフランス等の多国籍軍や、その他周辺国が軍事介入等を行い、泥沼化しました。2017年4月、政権一期目が始まったばかりのトランプ大統領が米軍にシリアを空爆させ、ロシアやイランなどと関係が緊迫化した際には、金融市場もリスクを強く意識する場面がありました。

もちろん、①や②に当てはまらなくても、その紛争地域でビジネスを行っている会社の株価が下落したり、その国・地域の通貨が下落したり、という個別の事象は起こります。ただ、それが世界経済や先進国同士の対立というところまで結びつかない限りは、影響は限定される、というイメージです。

リスク回避には「段階がある」

これらの事態が強くリスク要因視された折、金融市場では「リスク回避の動き」が強まります。この「リスク回避」の動きには大きく分けて2つのパターンがあると考えられます。

1つ目は、「リスク資産から資金を戻して、ポジションをスクエア（取引を終了状態）にする」というものです。

投機筋の取引の基本スタイルは「いつかは反対売買をして利益（もしくは損失）を確定する」であるため、平時は基本的にはあちこちの金融資産を持ったままの状態です。しかし、有事の折には「これら資産の価値がもっと目減りするかもしれない」という懸念の下、一旦取引を終了して手元に現金を戻そうとする動きが発生します。

日本円の場合、長期にわたって低金利だったことから、これまで投機筋が取引を行う際には外貨を調達するために「まず売られる通貨」でした。そのため、取引終了の折には「買い戻し」という行動のため、円高圧力が生じます。

時折ニュースなどで「リスク回避目的で円が買われた」と説明されることがありますが、この背景にあるのは基本的には「円の買い戻し」です。しばしば「安全通貨である円が買われた」と説明されることもありますが、海外の人々が「円なら安心だ」とわざわざ買っている（新たな円買いポジションを立てる）わけではありません。

ただ、日本人にとっては、何か起こったときに手元に現金として外貨があっても使うことはできませんから、日本人にとって「安全通貨」といえば円である、という風には言えるかと思います。

これに関連しますが、2つ目のパターンが「有事の安全資産買い」です。このときに「安全資産」として選ばれやすいのが、米国債や米ドル、そして金（ゴールド）です。リスク資産への投資を解消した後の現金を向かわせる対象として、信用力のある米国の国債や、「基軸通貨」である米ドル、「国籍がなく」「発行体もなく」信用リスクが存在せず、歴史的に世界中で価値が認められている金（ゴールド）は換金しやすく、リスク回避時のマネーの逃避先に選ばれる傾向が見られます。

ただし、このときは「有事」の警戒レベル感に注意が必要です。前述の日本円と同様で、本当に深刻な事態が発生したとき、手元に米国債や金があってもサッと使うことはできません。必ず換金が必要になります。ともに流動性が高く、換金しやすいとは言っても、例えば市場がリスク回避のために取引が手控えられている時期などは、それすら簡単ではない可能性があります。

また、「有事」にはビジネスに深刻な影響、例えば大きな損失が出て、急いで現金が必要な事態が発生することがあります。その場合、「有事」で価値が上がっていた米国債や金の売却をし、その損失を補填することを余儀なくされる、ということもあったりします。そのため、金融市場が本当に「深刻なリスク」を意識すると、「有事のドル買い」のみが最後に残る傾向が見受けられます。

ちなみに、話は少し脇道にそれますが、よく組織犯罪などのトップが逃亡し、発見された際に大量の米ドルを所持していた、という話が聞かれます。国家を跨いで逃亡する際、どこに行っても換金性が高いのは「基軸通貨」である米ドルです。また、新興国などでは高インフレの影響でその国の通貨には日々下落圧力が掛かる状態であることも散見される中で、その国の通貨よりも米ドルの方が歓迎される、というのはよくある話です。

地政学要因に見られる「賞味期限」

地政学リスクがひとたび市場に意識されると、それはしばらく注目され続け、関連報道に市場の動きが一喜一憂する様子も見られたりします。しかし、それは物事が解決するまでずっと続くのでしょうか。これも、答えは「否」です。

2014年のロシアによるクリミア侵攻時を例にとってみましょう。

ロシアがウクライナ領のクリミア自治共和国に侵攻し、西側諸国はそろってロシアを非難しました。このとき、金融市場で問題視されたのは、ロシアがエネルギー資源大国で、天然ガスなどがウクライナを通過するパイプラインを通って欧州に輸出されている、という点です。つまり、西側諸国はロシアを批判しつつも、ロシアがそれに反発してエネルギー輸出を絞れば、西側諸国自身の経済活動に多大な悪影響が出る、という事態でした。

さらに、欧州がウクライナを支援する形で武力介入するのではないか、との懸念が広がり、まさに「①その事象が、グローバル経済に著しい影響を与えそうだという観測が広がる場合」「②当事者が大国同士でなくても、大国の代理戦争と化し、大国の武力介入の可能性が意識される場合」の双方に当てはまる状況となりました。このときはしばらく、クリミア地域の情勢やロシア・欧州各国首脳陣の発言などによって、金融市場全体が動揺し、ユーロが大きく動く、という場面も散見されていました。

しかし、ある時点から金融市場は関連報道にほとんど全く反応しなくなりました。それは、欧州諸国がこの件で武力介入しない意向を表明したあたりからです。これにより、ロシアから欧州へのエネルギー輸出ストップへの懸念や、この件がロシア対欧州の代理戦争と化すのでは、との警戒感は薄れました。

一時は、ロシア軍の進軍状況が逐一取引の手掛りで材料にされていたほどでしたが、この金融市場の切り替えの速さは当時、目を見張るものがありました。その後もクリミア半島での混乱が長期にわたって続き、2022年のロシアのウクライナ侵攻に繋がるわけで、決して当時の状況としては楽観視してよいものではなかったことは確かです。

もう一つ例を挙げましょう。北朝鮮のミサイル発射を受けた円の値動きです。2017年春以降、それまでは数年に一回ペースだった北朝鮮のミサイル発射や核実験が多発した時期がありました。これについて、①発射頻度が上がったことや、②米国でトランプ大統領（第一期）が就任し、北朝鮮に対しては前オバマ政権よりも厳しい姿勢で臨むとしていたこと、③北朝鮮のミサイル発射技術が高まっていたことなどから、日本における地政学リスクが強く意識されました。

ただ、この点については、米国による北朝鮮への経済制裁などに対し、親・北朝鮮のロシアや中国が米朝の対立を煽るようなことをせず、大国同士の代理戦争勃発懸念は高まりませんでしたし、「北朝鮮が日本本土にミサイルを撃ち込むのでは」という深刻な懸念にまでは繋がりませんでした。ドル円相場は多少乱高下する場面も見られたものの、値幅は限定的。その後もミサイル発射は継続的に散見されたものの、「海に落ちているだけ」という感じで特に金融市場で警戒されることはなくなっていきました。

このほか、パレスチナ情勢についても深刻な紛争状態は続いている一方、あまりに長期的な対立（２０００年以上！）となっており、停戦を挟むことはあっても、収束の兆しは全く見えません。過去、その複雑な争いに先進国が介入し、一段と物事を悪化させたこともあり（英国の三枚舌外交などが知られています）、先進国としても介入が難しく、却って先進国の代理戦争的な部分が深刻化するところから遠のいており、金融市場としても手掛かり材料視するムードが続かない様子が見受けられます。

これらのように、地政学リスクと相場の反応については、それぞれの地政学要因についての深刻度合いには関係なく、あくまで「市場の関心」がポイントとなります。市場の関心は世界経済や大国同士の衝突激化等に対する強い懸念が和らぐと、徐々に小さくなっていくのです。そこに「問題が解決に向かっているかどうか」というのはほとんど関係がない点には留意が必要です。

時には市場の「思い込み」による急変動も──東日本大震災時の例──

日々の外国為替市場の主役は「投機筋」ですから、「投機筋が何に注目し、どのように考えるか」というのは、外国為替市場の方向感を見ていく上で非常に重要です。ただ、投機筋も「人」ですから、時には思い込みによって、やり過ぎたり、反応しな過ぎてあとでキャッチアップを余儀なくされたり、ということはよくあります。

この投機筋の「思い込み」による動きで特徴的だったのは、2011年3月に発生した東日本大震災直後のドル円の値動きです。

この震災発生直後は、「日本での大地震」ということを受けて、小幅ですが円安が進む場面もありました。しかしその後、津波や原発事故も絡んだ未曽有の大災害であることが伝わる中で、リスク回避目的の円買い戻しがジリジリと進行。そして数日遅れて3月17日早朝、円は急騰。ドル円は76円25銭と、震災発生直後の水準から7円以上円高が進んだことになります。

このときの市場では、この未曽有の大災害のために、「日本の生命保険会社や損害保険会社が保険金の巨額の支払いを行うために、保有している対外資産を売却し、円転する」との観測が広がりました。つまり、「これから強い円高が発生すると考えられるので、その前に円を買っておこう」という投機筋の動きが、円を急速に押し上げたのです。

しかし、この時点の日本はまだ貿易黒字で、円の急騰は、経済に大ダメージを

図1　東日本大震災直後のドル円相場(2011年)

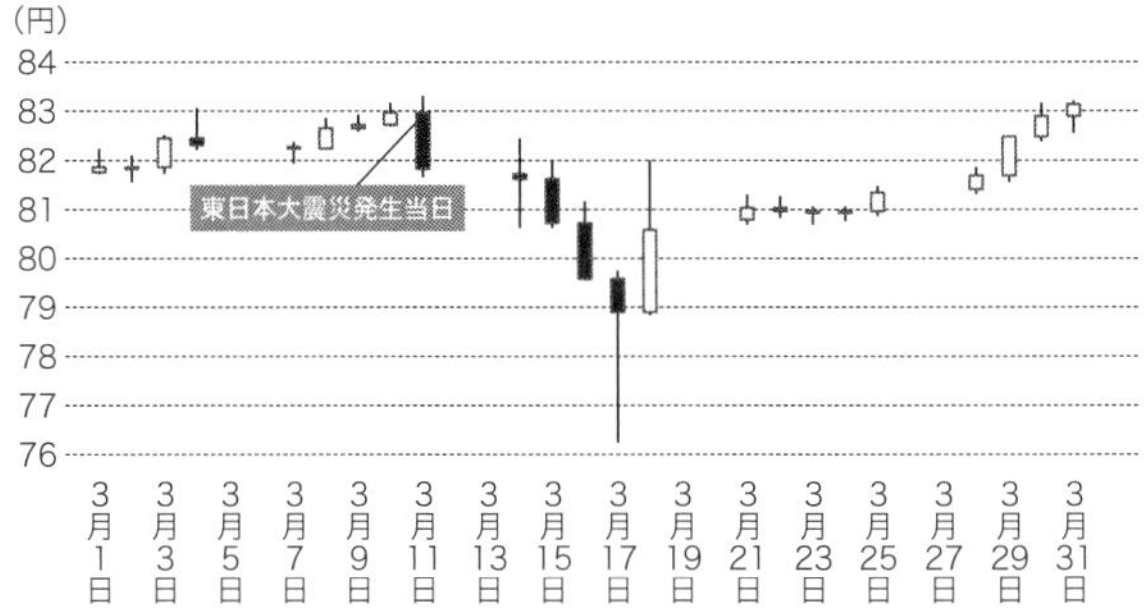

出所：bloomberg

図2　生保・損保の対外証券投資

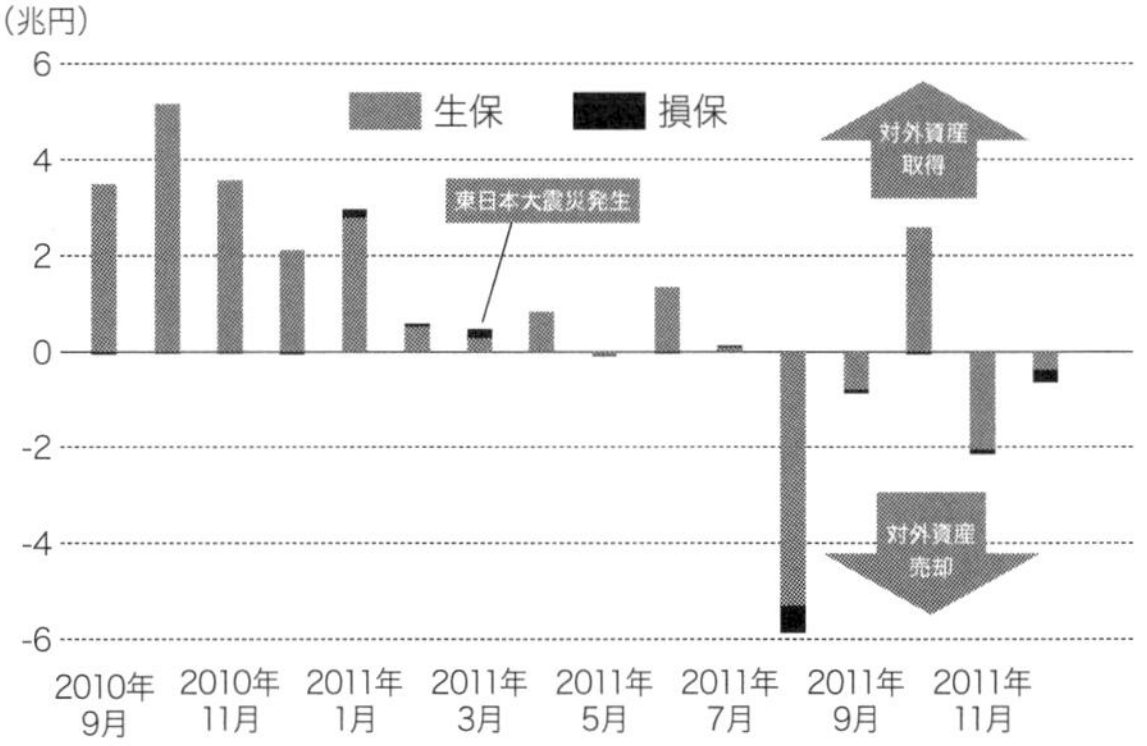

出所：財務省

受けた日本にとっては弱り目に祟り目状態になります。その後、先進7カ国財務相・中央銀行総裁会議（G7）の電話会議が緊急招集され、日本の政府・日銀と、米国・ユーロ圏・英国・カナダの中央銀行による協調円売り介入の実施が決定。これにより、過度な円高は修正されることとなりました。

この動きのもとになった生保・損保の円転は、現実に発生したわけではありません。実際、この月の生保・損保の対外証券投資はネットでプラス、つまり対外資産を買い越している状態でした。為替ヘッジをかけている部分も大きいと思われますが、スタンスとしては「円売り」だったと言えます。

このように、投機筋の動きはしばしば、推測ベースで値動きが加速することがあります。そしてそれは、「真実かどうか」はあまり関係なかったりするのが厄介です。

日本の政治は為替にどう影響する？

日本の政治イベントが外国為替市場に直接影響する機会についてはよく聞かれますが、それほど多くありません。ただ、全くないわけでもありません。

投機筋の最も注目するところである物価・金利をつかさどる日銀には「独立性」があり、基本的には政府が積極的に政策決定に介入する部分ではありません。「為替介入」については決定権が政府にありますが、これは為替の変動が実体経済からかけ離れた動きをした際に使用を限定された「伝家の宝刀」であるため、極端な値動きをしている場面以外でこれが意識されることはあまりありません。

他方、政府は財政政策によって経済を刺激したり引き締めたりすることはできます。支出規模が過剰であれば財政赤字拡大が信用リスクにまで繋がる要因ではありますし、適切な刺激であれば日本株には追い風になりますが、外国為替相場的には、よほど極端な状況でない限り、株や債券の反応を挟んだ「間接的なもの」にとどまります。

ただし、外国為替相場を日々動かしている主役は投機筋であり、結局のところ、政治的な事案について「投機筋が積極的に為替と結び付けて考えるかどうか」が、短期的に政治による為替への影響度合いに関わってきます。

政治イベントとして最も大きいのは総選挙です。これについては、選挙前後で同じ政権が維持される場合には、円相場で積極的に材料視される様子はあまり見られません。というのも、前政権の政策がそのまま継続となる公算が大きいためです。他方、選挙によって国家の財政・金融政策が大きく転換する、という可能性が意識される場面では、投機筋としてそれを手掛かりにした新規の取引がしやすい、という側面があると考えられます。

最近の例だと、2024年9月27日に行われた自民党総裁選の前後では、日本の政局を手掛かりとしたドル円の値動きが活性化しました。このとき、自民党総裁の有力候補だった高市早苗氏が、この年の3月から利上げフェーズに入っていた日銀に対し、「金利を今上げるのはアホやと思う」とコメントしたことで、同氏が当選すれば日銀は利上げが困難になるのでは、との観測が広がり、円安が進む様子が見られました。

ただ総裁選では、石破茂氏が選出される結果となりました。石破氏はかねてより、財政について緊縮的な考えで、日銀の金融政策運営については独立性を尊重する姿勢を示していたことから反動で円高が進行。もっとも、その後、石破氏が日銀の利上げに対して「今はすべきでない」と発言すると今度は円安に転じるなど、このときは二転三転しました。

また、遡ると2012年11月、衆議院解散の際には民主党政権が敗北し、自民党政権が復活するだろうという観測が広がる中、当時の自民党総裁だった安倍晋三氏が財政刺激的な政策を行うだろうとの期待が広がり、株高・円安が進んだということもありました。安倍氏が首相に返り咲いた後、第31代日銀総裁に指名された黒田東彦氏がリフレ派であり、大規模な金融緩和策を打ち出していく中で、この円安は継続的なものとなりました。

なお、日本の政治が外国為替市場に影響する度合いがある程度限られる一方、米国の政治は特にトランプ政権下では頻繁に材料視されており、これについて「日本の政治がふがいないからではないか」というように思われる方もいらっしゃるかもしれません。ただ、「自国の政治よりも米国の政治要因の方が頻繁に対ドルの自国通貨相場を動かしている」という状況は、ほとんどの通貨で起こっている現象です。

世界最大の経済大国で、基軸通貨のドルはほとんど常に外国為替相場の「主役」であり、相対的に自国の政治が通貨ペアに作用する効果が小さくなってしまうのは、ある種仕方のない現象と言えそうです。

日米の金利差が逆転することはあり得る？

前章では日米の金利差が縮小しつつある話に触れましたが、日銀の推計する中立金利（政策金利の上限）が1〜2・5％、米国が打ち出している長期の政策金利見通し（ロンガーラン）が2024年12月時点で3％、ということを考えると、仮に日銀の利上げが中立金利上限まで引き上げられたとしても、日米の名目金利は米国の方が高いことになります。

さらに、米国では予想以上に物価の上振れが警戒され、利下げの終着点の上振れの可能性が残り、日本は現状、賃金と物価の好循環とならず、利上げが継続できなくなるリスクが残る状態です。こうした状況を考慮すると、足元でそれぞれの中央銀行の立てている経済データによほどの変容が表れない限り、「今次の景気減速局面（米国の利下げフェーズ・日銀の金利正常化フェーズ）」においては、日米の名目金利差は逆転しないと考えられます。

ただ、今次の景気減速局面が仮にそうであっても、今後もずっと日米の金利が逆転することはないと言えるのでしょうか。これについても、頭の体操になりますが考えてみましょう。

①米金利が急低下する場合

例えば、米国の金利が再びゼロ金利に低下する事態になる場合、どのような状況が想定されるでしょうか。かつて米国の政策金利がゼロ%まで引き下げられたことがあります。それは2008年のリーマンショック後と、2020年以降のコロナ禍の最中です。前者は世界的な金融危機、後者は世界的な感染症の感染拡大によって引き起こされた災害でした。ともに世界を巻き込む危機であり、同時期にほかの国々の政策金利も急低下しています。

リーマンショック後、米国の政策金利は0・00~0・25%(中央値0・125%)へ引き下げられ、日本の政策金利も0・1%へ引き下げられました。一

図3　日米の政策金利とドル円

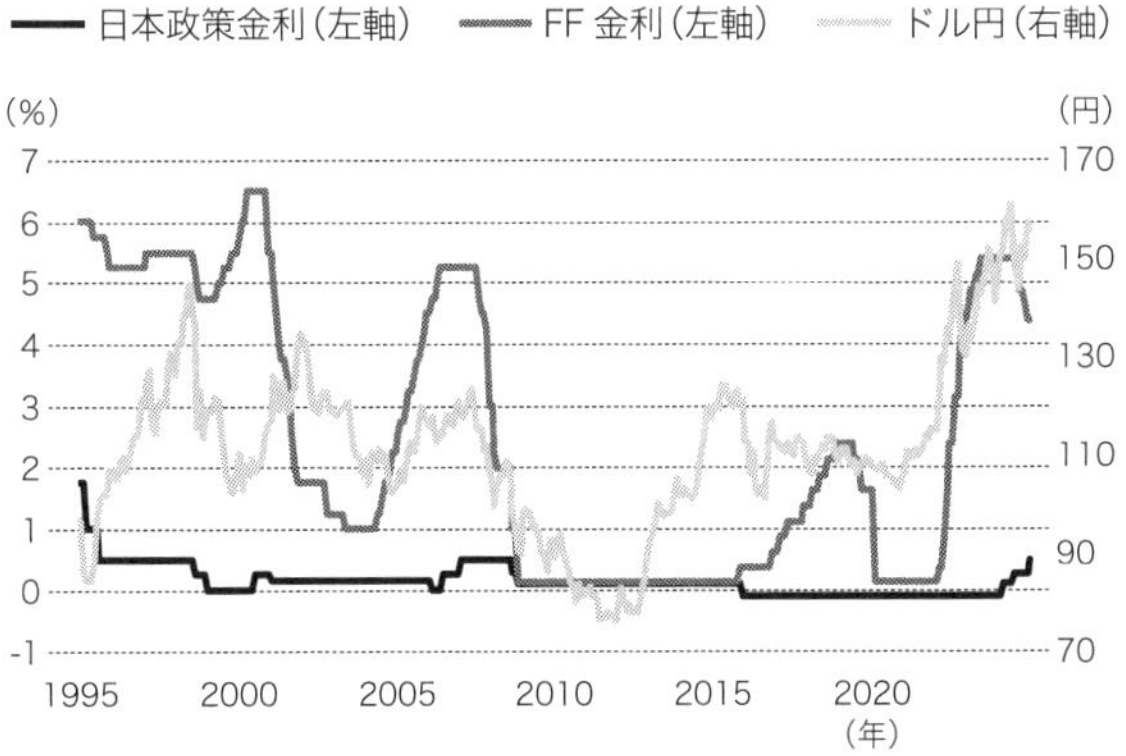

出所：日銀、FRB、Bloomberg

方、コロナ禍で米国が政策金利を1・50〜1・75％から再び0・00〜0・25％へ引き下げた際は、日本の政策金利は追随して下げてはいませんが、それは日銀がデフレ脱却を目的に2016年1月からマイナス金利政策を導入し、もはや下げられなかったためです。

このように、米国が極端に政策金利を引き下げるほど危機的な状況が訪れる局面においては、他の国も同様の動きが避けられない可能性が高いと考えられます。たとえ米金利が急低下しても、日本の金利をそれよりも高い状態で維持する、ということは、米国が世界経済の牽引役としての地位を守る限りは難しいように考えられます。

②日本の金利が急上昇する場合

過去30年においては、米国の金利が上がっているときに日本が追随できない場面はあれど、米国の利下げに日本が追随（すでにマイナス金利で利下げできない場合は非伝統的金融政策を駆使）しない場面は見られませんでした。ご承知おきの通り、日本は長きにわたりデフレ状態にあり、ここ数年でインフレ圧力が強まったものの、いまだ「賃金と物価の好循環」の実現は不確実性が高く、２％目標もなんとか、といったところで、金利の「急上昇」はなかなか遠い出来事のように思えます。

しかし、もしも今後、日本の財政破綻リスクが急速に意識される事態になる場合、どうでしょうか。仮に日本の国債に売りが殺到する状況になれば、「悪い金利上昇」が急激に進みます。こちらの可能性はどう考えるべきでしょうか。

第三章でも触れた通り、日本の国債の海外保有率は２０２４年９月時点で６・５％程度と非常に低く、大半は国内の投資家が「リスク回避目的で」保有しています。そして現状、その半分以上を日銀が保有しています。

日銀は２０２４年７月の金融政策決定会合で国債の買い入れ規模の減額計画を

発表し、バランスシート縮小を開始しました。ただ、足元で計画されているのは、2026年4月にかけて7〜8％程度の残高減少。つまり、減っても500兆円は超え、全体の半分を日銀が持つ状態は維持されてしまいます。とは言え、2025年6月の金融政策決定会合でこの計画の中間評価を行い、2026年4月以降の計画について検討・公表が予定されているので、それ以降、経済・金融環境によほどの逆風が吹いていなければ、減額は継続されると考えた方が良さそうです。

日銀は、自らが減らした保有残高割合を引き受けるのは民間金融機関が主になってくると想定している模様ですが、市場で広く取引されるのであれば、次第に海外の保有割合が拡大していく可能性はあります。

問題は日銀の保有残高がどこまで減少していくのか、という点です。試算は様々な金融機関が出していますが、かなり幅があります。

もっとも、この2024年7月の国債買い入れ減額計画が発表された際に、日銀は「国債市場の安定に配慮するための柔軟性を確保しつつ、予見可能な形での減額が適切」とし、「長期金利が急激に上昇する場合には、機動的に、買い入れ額の増額等を実施」「必要な場合には、金融政策決定会合において、減額計画を見直す」と、市場に衝撃を与えないように細心の注意を払っている様子が見受けられます。国債買い入れの減額ペースが著しい金利の上昇に繋がることも、日銀の国債保有割合の減少が海外勢の国債保有を急速に拡大することも足元では想定しづらく、「日本の将来を悲観しての一斉の国債売り」に伴う日本の金利急騰の可能性はかなり低く見積もってよいと考えます。

なお、万一「日本の将来を悲観しての一斉の国債売り」によって日本の金利が急騰し、日米の金利が逆転することが起こった場合は、日本の金利の方が高くてもそれは「悪い金利上昇」なので、円は急落すると考えられます。

潜在成長率から考える長期金利は今後も米国優位か

もっと長いスパンで考えたときに、金利について何かヒントはないでしょうか。第三章でも取り上げましたが、名目の長期金利は実質金利と期待インフレ率の合計で、これは①潜在成長率、②期待インフレ率、③リスクプレミアムの総和で成り立っています。

②については、近年は日本も上昇傾向にありますが、ここ20年にわたり、米国の方が高い状態が続いています。また、③リスクプレミアムは短期的な景気変動リスクであり、長期で見るとゼロになると考えるため、一旦この思考実験からは外すと、重要なのは①の潜在成長率になります。

潜在成長率は労働力の伸びと資本の伸びと生産性の伸びの総和です。労働力の伸びとは文字通り労働力人口や就労時間の伸び、資本の伸びは生産設備ストックの伸びを表し、生産性の伸びとは技術革新に伴う生産効率の上昇を示しています。

日米の労働力を考えるに、カギとなるのは人口です。日本は人口が減少していますが、米国では移民の流入もあって人口は依然として増加しています。米国が今後、移民の流入をどれだけ絞るのかにもよりますが、少なくとも日本よりも「労働力の伸び」は力強い状態が長期にわたって続くと予想されます。

設備投資については景気によって変動が大きい部分のため、長期にわたってどちらが強いとは言い難い部分がありますが、生産性の伸びに関しては、日本は米国に後れを取る状態が長期化しています。日本人の賃金を引き上げていくためにも生産性の向上は急がれる部分ではありますが、米国を抜くほどの伸びを見せるのは簡単ではないと考えられます。

これらの要素から、潜在成長率で日本が米国を抜くのは長期的に見ても簡単ではなく、長期金利においては米国の方が高い状態が続くと考えられます。これは長い目で見た場合の、ドル高・円安圧力になり得ます。

第七章

「円安」「物価高」をどう乗りこなすか
―情報やリスクとの付き合い方―

「完全な予測」は人智を超えた領域

ここまで、様々な角度から円のことについて考えてきましたが、ここまでの事実はともかく、未来のことについては「可能性」ばかりの言及で、皆さんの中には「何一つはっきりしたことはないじゃないか」と思われた方もいるかもしれません。これは実際その通りで、私たちは「未来のことは何一つはっきりしない世界」で生きているのです。

金融市場において、エコノミストやアナリストは、様々なデータを見て、研究を重ねて、今後のそれぞれのデータについて「このようになる可能性が比較的高いのではないか」を積み上げる形で将来の図を予想しています。

しかし、可能性はあくまで可能性であり、未来の「予言」ではありません。「そうならない可能性」ももちろんあり、積み上げた予想データが一つでも実現しなければ、予想する将来の図も違ったものになります。そうであるがゆえに、我々は新たなデータが出てくるごとに、予想を修正する、という作業を行います。

可能な限り高い精度の見通しを出すことが我々の仕事ではありますが、将来の条件を細かく仮定すればするほど、一つの変数の修正が「見通し」の修正を大きくしてしまう、というジレンマがあります。特に為替の場合は「2カ国間の通貨の交換レート」であることから、2カ国の状況を予想しつつの見通しになるので、積み上げるべきデータがどうしても増えます。

そして、これまでも触れてきましたが、為替市場は「投機筋」の存在感が非常に大きく、「投機筋」もまた人間です。人間は時には感情的に動き、時にやり過ぎ、時に誤った情報を信じる生き物で、いつもいつも適切に動けるわけではないのです。つまり、データや経済合理性に則って値動きを考えても、そのように動かないことは頻繁に起こります。

我々はそうした「経済合理性を超える動き」を察知しようと、日々この「とても人間らしい」市場である外国為替市場を観察し、そのときの「空気感」まで勘案しながら値動きについて考えています。「相場観」と言い換えても良いと思います。自分の見通し通りに相場が推移したときは、とても達成感がある一方、我々も人間に過ぎず、目の届く範囲は限られます。その中で最善を積み上げようと日々努力をしてはいますが、短期も長期も間違いなく相場を的中させられる自信があるとはとても言えません。

ではのためにエコノミストやアナリストは存在しているのだ、と言われるかもしれません。私はエコノミストやアナリストの分析は、「暗闇の中で遠くまで照らそうとする懐中電灯のようなもの」だと思っています。

人は全く何も見えない暗闇の中では、どこに向かって歩けばいいのか方向感が全くわからず動き出すこともできなくなりがちです。しかし、暗闇の山道でライトを照らせば、近いところは比較的鮮明に、頑張れば少し遠くをぼんやり見ることができます。

何となく「ここに歩けそうな、それらしい道があって、あちらの方向に続いていそうだ」ということがわかれば、遠くまで見通せなくとも、正しい道かどうかを慎重に歩いて確認しに行くことはできます。実際はただの獣道で、登山道ではないかもしれません。しかし、正解でないとわかれば、少し戻って再度、別のところにライトを当ててみて、正しい道を探せばよいのです。

例えば、いざ投資をしてみよう！　と思ったときに、金融市場のことを全く知らない、情報もない状態だと、何に投資するのかの判断がつきません。しかし、現状が分析され、「こういう理由で、こういうシナリオが実現すれば●●円と予想する」というアナリストの見通しがあれば、少なくとも現状を判断でき、ここから先についてのヒントを得ることができます。

ヒントが得られれば、その周辺の情報を自分で探して考えたり、「次に何が起こる可能性があるのか」「次に何が注目される可能性があるのか」について身構えることもできますし、目安として示された値段を元に、「そのシナリオの実現可能性は、今は少し下がった気がするから、自分はそこまで円安が進むとは考えられないな」と自分なりのシナリオを考えることもできるわけです。

「正しい情報」を集める難しさ

金融経済環境についての情報を集めるにあたっては、まずマクロ経済データは外せません。日本や米国は先進国であり、情報収集も情報公開も、比較的クリーンに行われていると考えられます。国によっては、経済データを収集する部門が小さすぎて、最低限の経済データでさえ十分に公表されないところもありますし、発表するデータを「国が見せたい形」に恣意的に修正する国すらあります。例えば、2009年に発生した「ギリシャ危機」の事の発端は、ギリシャで政権交代が起こったことで、前政権まで隠蔽されていた対GDP比での大きな財政赤字が明らかになったことでした。そういう意味では、ドル円相場を見ていく上で必要なマクロ経済データについては、収集しやすく信頼感は高めで、恵まれた環境と言えると思います。

しかし、国が発表するデータも、適宜修正が入ります。例えば国内総生産（GDP）は同じ期間でも速報値、改定値、確報値という形で修正が入ります。米国の雇用統計も毎月、前月及び前々月の分の修正が同時に発表されますし、なんなら年に1回、季節調整の更新や年次のベンチマーク改訂が行われ、過去1年分の数値が大きく変わったりもします。仮にデータが完璧になるまで時間をかけて推計すれば、発表時にはもはや古すぎて参考にならない、という事態になりかねません。国が発表するデータであっても、速報の段階ではまず大きく修正が入る可能性に留意しておく必要があります。

一目でその国の全てがわかる経済データというものも存在しません。消費者物価指数をとっても、対象となる品目がある程度絞られ、それが家計に占める割合を決めつつ算出されます。この中に入ってこないものもたくさんありますし、決定した

「家計に占めるそれぞれの商品の割合」が果たして適切なのかは微妙なところです。

また、外国為替市場における取引動向を日々知るためのデータという点については、日々頼りになるものはないのが現状です。

市場の全体像をよく表しているのは国際決済銀行（ＢＩＳ）の発表する「Triennial Central Bank Survey of foreign exchange and Over-the-counter」は我々も非常に信頼するデータですが、3年に1度しか発表されません。投機筋の動向を知る上でよく利用されるのがシカゴ・マーカンタイル取引所（ＣＭＥ）に上場している通貨先物市場、通称「シカゴＩＭＭ」のポジション動向ですが、発表されるのは週1回、加えて火曜までの1週間のデータが公表されるのは金曜（日本時間土曜早朝）です。この通貨先物市場自体が巨大な外国為替市場のほんの一部に過ぎないこともあり、標本調査的に捉える必要があります。

各種報道はどうでしょうか。各種メディアの報道は、一次データではなく、必ず各媒体の記者・編集者の手と目を通してのものになります。重要な情報をわかりやすく報じてくれるという長所がある一方、各媒体の持っている「バイアス（先入観や偏向・偏見など）」が付加されてしまうという欠点があります。これは金融機関のエコノミストやアナリストのレポートも同様です。

個人的には、その「バイアスを含めた意見」にこそ価値があると考えていますが、その場合は情報を受け止める方に「これはバイアスのかかった意見である」という認識が不可欠であると思っています。前述の通り、「完全な予測」は人智を超えた力であり、未来を完全に予測することはほぼ不可能だからです。

インターネットで歪む「認知」

このように、正攻法で手に入れられるデータには限りがあります。では、最近はインターネットの検索やSNSなどで情報収集をすることが一般的ですが、これについてはさらに注意が必要です。

例えば検索エンジンなどは、アルゴリズムで個人の検索履歴やクリック履歴からユーザーの好みを学習し、表示してみた情報がユーザーにクリックされるかどうかでさらに学習を進め、情報のフィルターを強化。それぞれのユーザーに対して情報を最適化していく、という動きをします。これにより、ユーザーは望む・望まないに関わらず、ユーザーの「見たい（とアルゴリズムが判断した）情報」ばかり見せられ、「見たくない（とアルゴリズムが学習した）情報」からどんどん隔離されてしまいます。これを「フィルターバブル」と言います。

「フィルターバブル」の恐ろしいところは、ユーザーが好む情報の表示が優先され、その情報の「真偽」は問われないところです。つまり、ある「偽りの情報」や「極論」をユーザーが好んでいるとアルゴリズムが判定すれば、そればかりユーザーの目に留まり、ユーザーがその情報を目にする機会がより増える、という状況を引き起こします。そうなると、次第に「単純接触効果」が発現します。

「単純接触効果」とは、米国の心理学者ロバート・ザイオンスによって1968年に提唱された心理学的法則です。簡単に言うと、同じものや人と何度も接触することによって、人は好意的な感情を抱きやすくなるというもので、テレビコマーシャルや広告、営業での顧客訪問などで活用されています。フィルターバブルにより、人々はほんの少しだけ好んでいた「極論」や「偽りの情報」に対する好感度を高め、それがあたかも「正しい」と思い込んでしまう現象が発生しやすくなるのです。

SNSでも同様のことが起こります。自分と同じような考えを持つアカウントを何名かフォローすることによって、同じような考えのアカウントがアルゴリズムにより紹介され、同じような情報ばかりがタイムラインに流れるようになっていきます。相互フォローのアカウント同士で同じような考えを共有し、肯定しあえば、それが世の中の意見の大勢であるという風に思い込んでいってしまう……ということが起こり得ます。いわゆる、「エコーチェンバー効果」と呼ばれる現象です。

自分と同じような価値観を持った人々といることは居心地が良いことですし、それ自体が悪いというわけではありません。ただし、フィルターバブルやエコーチェンバーによって「確証バイアス」が強化される点が、情報を取り扱う上ではネックになってきます。

確証バイアスは、認知心理学や社会心理学で取り上げられるバイアスの一つで、自分の思い込みや願望を強化する情報ばかりに目が行き、そうでない情報は軽視してしまう、というものです。そして、人は時に、自分が信じたくない情報や、都合の悪い情報に直面すると、かたくなにその情報を拒否し、却って当初の信念を強めてしまう傾向があります（バックファイア効果）。

現代社会において、我々はインターネットによって、より広い世界の情報を、より容易に集めることができるようになりました。しかし、その情報との向き合い方によっては、却って正しい情報から遠ざかってしまうということが起こるようになってしまったのです。

「未来はわからない」を受け入れるのがスタート地点

当然のことながら、「確定した未来」は誰にも見えません。

本章の初めで、エコノミストやアナリストの分析は「暗闇の中で遠くまで照らそうとする懐中電灯のようなもの」と言いましたが、それと同様に、ほとんどの情報は「過去に起こったこと」や「過去や現在起こっていることをベースに考えられること」であり、将来に備えるための道具の一つのように受け止めるべきだと私は考えています。

人間はエモーショナルな生き物であり、経済合理性に基づいていつも行動しているわけではありません。また、災害などは「いつかは発生する」と予想しながらも、いつ、どんな規模なのかはそのときにならないとわかりません。２０００

年時点で２０１６年にトランプ氏が大統領に当選することや、２０２０年に新型コロナウイルスの発生によって世界の経済活動が止まってしまうことを予想した人がどれだけいたでしょうか。

ちなみに、私は為替のアナリストとして活動していく中で、

・いかなる専門家による分析や予想も、その他様々な情報も、正しいかもしれないが間違っているかもしれない、ということを常に念頭におく
・誰も予想していなかったことは常に起こり得ると認識する
・様々な情報をベースに自分自身で見通しを導きだすものの、「未来はわからない」ので自身の考えに固執せず、「間違っているかもしれない」という疑いを常に持つ
・見通しが外れた場合や間違っていた場合、速やかかつ柔軟に考え方を修正する

・全く違う意見を「そうかもしれない」と受け入れる余裕や、新たな情報を受け入れられる思考の余白を常に持つ

ということを意識しつつ仕事をしてきました。しかし、それでも「(後から考えたら)これは思い込みだったたな」と反省をする場面は出てきます。

人はバイアスから逃れることはできないかもしれませんが、なるべくニュートラルであろうとする心持ち次第で、間違いが間違いを呼び、自分の考え方が頑なになってしまうリスクを遠ざけることができるのではないか、と個人的には思っています。

ところで、「未来はわからない」を受け入れつつも、日本の構造的に強まりそうな円安圧力や、物価高が続く場合、我々はどうこの局面を乗り越えていけば良いのでしょうか。

この本を手に取ってくださっている方の多くは、おそらく資産運用に関心があり、経済・物価の先行きにどう対処すべきか不安に思ってらっしゃるのではと推察します。ここで、ポイントを少し整理しておきたいと思います。

リスク低減の基本は「分散」

何事でもそうですが、何か一つのことに自分の全てを賭けてしまえば、目論見が外れたときに全てを失ってしまいます。「未来はわからない」ものですから、「自分の考える（もしくは信じる）未来予想図に全ベット」はなかなか怖いことです。

投資格言に「卵は一つのカゴに盛るな」という言葉があります。一つのカゴに卵を全部盛ってしまうと、カゴを落としたときに全ての卵が割れてしまいます。

しかし、いくつかのカゴに分けておけば全部失うことはなく、残った卵からヒヨコが生まれてやがて鶏に育ち、それがまた卵を産んで資産が増えていく……という趣旨です。リスクを避けられないのであれば、一つのリスクに全ての資産が晒されることにならないよう、「分散」させることが重要になってきます。

さて、インフレになると、モノの値段が上がります。これは相対的に、「貨幣の価値が下がっている」と言えます。1つのパンを買うのに、以前なら100円で買えたのに、今では120円出さないと買えないとするならば、100円の価値が下がっているのです。つまりインフレ時代は、現金の価値が目減りしていく世界です。日本もインフレ時代に入り、この「通貨の価値の低減」を我々は日々感じる社会になりつつあります。

ところが、日本人の家計資産の半分は、依然として現金・預金で持たれていいます。日銀の発表によると、2024年9月末時点で日本の家計の金融資産の残高は2179兆円でした。このうち、現金・預金は半分以上を占めています。新NISAによる個人の投資意欲の高まりで投資信託や株式の割合は2024年に

図1　資金循環の日米欧比較(2024年8月)

●日米欧の家計の金融資産構成

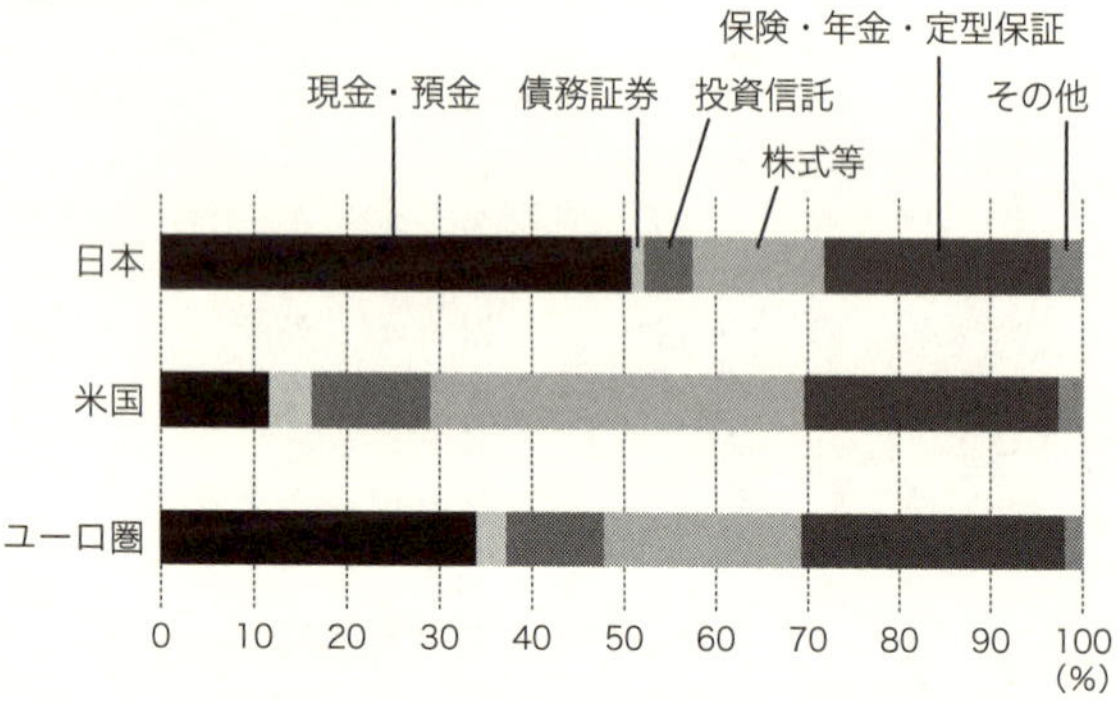

出所：日本銀行調査統計局

入って大きく伸びてはいるのですが、それでも合わせて家計の金融資産全体の20％程度です。米国や欧州に比べると、リスク性資産の占める割合の小ささが際立っています。

デフレ時代は、モノの値段が下がり、相対的に現金の価値が上がることから、現金・預金を増やすのは正しかったと言えますが、日本ももはやインフレ時代に入り、現金割合が大きいままでは資産を防衛できない時代になってきました。

では私たちは、リスク性資産とどう向き合うべきなのでしょうか。

本項冒頭で触れたように、先の見えないリスクを低減させるための基本行動は「分散」です。この分散は、大きく分けて①資産の分散、②時間の分散、③分散の調整、の3つが要になってきます。

①資産の分散については、本項冒頭で触れたように、卵を盛るカゴを分けるという動きになります。

インフレ時代に資産を守るためには、インフレ時に価値が上がっていくものへの資金の振り分けが必要になります。株や金（ゴールド）などはその最たるものです。インフレになれば商品の値段が上がる分、企業の売り上げが増えます。株価にはシンプルにプラスです。金（ゴールド）も、モノであり、インフレ時には価値が上がる傾向にあることで知られています。

また、日本円建ての資産ばかりではなく、外貨建ての資産に投資する、というのもリスク分散の一つです。日本の金利は上昇しつつありますが、それでも世界的に見れば低金利です。「円安が長期にわたって進む可能性がある」と仮定するならば、外貨建て資産は円安の進行した分、大きな伸びが期待できると言えます。

ただ、難しいのは配分です。

インフレがここからも進むことがわかっているならば、持てる資産を全てインフレに強い金融商品に入れたり、円安が大幅に進むのがわかっているのであれば、円は全て売って海外資産に——という発想もアリでしょう。しかし、重ねて言いますが、「未来はわからない」ものです。

今は日銀の様子を見て、景気を冷やすほどのペースで利上げを行うとは考えにくいと市場で認識されていることから、現状のインフレ局面は株価にはプラスに働いていますが、過剰に物価高が進めば日銀も悠長に様子見している場合ではなくなり、景気を冷やしてしまうペースでの利上げを余儀なくされる可能性もあります。そうなれば株価は急落するかもしれません。

また、日本の「賃金と物価の好循環」が相成らず、インフレが近く止まってしまい、物価連動性の高い資産への資金流入も終わる、ということもあり得ます。米国経済が大崩れしてドル安・円高が急激に進む場面がくる、という可能性だってあります。いくら日本の家計の金融資産における現金・預金の割合が高くとも、これを全てリスク資産に振り分けるべき、という話ではないでしょう。

自分に適した「分散のカタチ」を模索する

どのように資産は振り分けるべきなのか。これは非常に難しい問題です。というのも、人によって取れるリスクの大きさは違うからです。人は、生活するために必要なお金以外を資産運用に回すわけですが、収入全体における資産運用の割合は、その人の年齢や可処分所得の大きさなどによって変わります。

例えば生活に全く困らないほどの収入源があり、大きな余剰資金を持っていて、年齢も若い、という人ならばある程度大きなリスクを取って、仮に短期的に大きな損が出たとしても、長い目で見たときに利益が取れていれば問題ありません。

しかし、年齢が若くても、収入的に生活ギリギリのところを無理やり投資して、しかも大きなリスクを取って短期的に大きな損が出てしまった場合はどうでしょうか。しばらく我慢すればリターンが大きくなる、と仮にわかっていても、生活のための資金が一時的に足りなくなってしまったときに、損を確定する形で換金を余儀なくされる可能性があります。

また、年齢がすでに高齢である場合はどうでしょうか。近い将来に使うための資金にもかかわらず、大きなリスクを取って、短期的に大きな損失が出た場合、リターンが大きくなるまで待っていられず大損が確定、というケースもあり得ます。

他方、たとえ年齢が高齢であっても、手元資金が潤沢で生活に困っているのでなければ、子供や孫への相続を考えて、資産の一部で大きめのリスクを取ってみるというのもアリでしょう。

まず長期にわたって資産運用をしていくにあたり、資産の分散について参考になるのが、年金積立金管理運用独立行政法人（GPIF）の運用方針です。GPIFは公的年金の積立金（日本の現役世代が収めた公的年金の年金保険料のうち、年金の支払いに充てられなかった部分）を国内外の資本市場で運用し、増やしています。

そのGPIFの基本運用方針は、「年金財政上必要な利回り」として「賃金上昇率＋1・9％」を長期的な運用目標に置いており、これを満たしつつ最もリスクの小さいポートフォリオとして、「国内債券・外国債券・国内株式・外国株式をそれぞれ運用資産の25％」としています。もちろん、値段が動くのでいつもぴったり25％にはなりません。それぞれの割合がブレてもいい幅（国内債券±6％、外国債券±5％、国内株式±6％、外国株式±6％）も設定されており、適宜リバランス（資産の配分比率の調整）されます。

年金の運用はその性質上、保守的であることが求められますが、それでも半分は海外資産、半分は株式で持たれています。これは、リスクをなるべく抑えたい個人投資家にとっても参考になるポートフォリオであると思います。

ただし、これは年金財政という、「常に長期を睨んだ運用」である点には注意が必要です。年金制度は長く続くものですが、人の一生には限りがあります。

ここで参考になるのが、資産運用の世界でよく取り上げられる、「リスク性資産の保有比率を『100―年齢』%にする」という考え方です。例えば、30歳なら70%はリスク高めの株式などで運用し、残りの30%は債券や金（ゴールド）、現金等としてみる。70%の中には日本株だけでなく外国株への投資を入れてみるという考え方もできるでしょう。一方、60歳なら株式などの割合は40%程度に落とし、残り60%は比較的安全性の高い資産（現預金、国債、金など）に振り分ける、というものです。

この考え方をベースとし、個別の資産状況や年齢その他（健康状況・家庭環境など）を加味して調整したり、ご自身が調べた上での予想を反映させ、一部相場観を持って調整したりするのも良いと思います。

②時間の分散は、投資タイミングを分散させることを指します。

例えば株安・円高が進んでいる局面で、そろそろ底値では？と、余剰の投資資金全てを使って外貨建て資産を買ったとします。しかし、目論見が外れてさらに株安・円高が進んだらどうでしょうか。「もっと待ってから買えばよかった！」と思いますよね。しかし、「未来はわからない」ものなので、底値を当てるというのはプロでも難しい技です。

そこで、我々ができることは、買いを入れるタイミングを分散、つまり積み立て投資を行うということです。その外貨建て金融商品を買うための資金があるならば、それを何回分かに分割して買います。そうすれば、仮に初回購入後にさらに価格が下がったとしても、その後に安く買っていくことができるため、平均購入価格を下げることができます。これを活用した投資方法がいわゆる「ドルコスト平均法」です。

「ドルコスト平均法」は、価格変動がある商品を、一定額ずつ定期的に購入することにより、価格が低いときには購入量が増加し、価格が高いときには購入量が減少するため、全体の平均購入単価が平準化されるというものです。定期的に積み立て続けることになるので小額から始められますし、高値掴みのリスクを抑制することができます。

本書ではここまで、様々な角度からドル円を眺め「長期的には円高に進みにくい構造要因が強まっているのではないか」と考察してきた一方、トランプ政権の動向などにより、短期〜中期的には不確実性が高いことにも言及してきました。場合によっては数年間、円高傾向を維持する可能性も否定できません。ただ、もし運用期間が10年を超えるような長期で想定するのであれば、こうした円高局面はむしろ、ドルコスト平均法を使って「多くを積み立てることができるチャンス」と捉えることができます。

なお、余談ですが、私は海外旅行が好きなので、円高の時期は外貨口座に現地で使うお金を積み立てたりもしています。

そして重要なのが③の「分散の調整」です。人を取り巻く環境は変化していきます。年齢は毎年一つ上がっていきますし、就労状況や健康状態、家庭環境などなども変化していきます。①で挙げたリスク資産の割合は、時間を追って調整されていく必要があるのです。

前段で、「運用期間を10年超の長期で想定する」のであればドルコスト平均法はチャンスと捉えられると指摘しましたが、残りの運用期間を10年未満で終える必要がある、とお考えの方であれば、円高がずるずる続く局面で悠長に円安局面を待っていられないと思います。そうした方は、「分散」の対象からドル建て資産を外し、思い切って大部分を円に戻す、ということをしても良いと思います。これも、「分散の調整」のうちです。

人生を楽しむための「資産取り崩し」

さらに言うと、「資産の取り崩し方」を考えていくことも重要になります。若い間は一生懸命働いて、貯金をしたり、リスクを取っての資産運用を考えたりすればよいですが、定年退職を迎えた後はどうでしょうか。年金だけでは不十分で、これまで運用してきた金融資産を少しずつ生活費として使用したいところです。

しかし、「人生100年時代」と言われるこの時代、どのように考えて資産を取り崩していけば、この世に別れを告げるまでの間にお金が尽きてしまわないようにしつつ最大限人生を楽しむことができるのでしょうか。せっかく長い間、リスクを分散しつつ頑張って資産を育ててきても、不安のあまり、節約しすぎて自分の人生を楽しめないままとなってしまうのはもったいないことです。


取り崩し方については、近年日本でも議論に上ることが増えてきたため、参考になる書籍も増え、相談に乗ってくれるサービスなども出てきています。

例えば、銀行や証券会社、生命保険会社などに加え、ファイナンシャルプランナー（ＦＰ）や独立系ファイナンシャルアドバイザー（ＩＦＡ）なども頼りになります。それぞれ、特色やサービス内容は違ったりしますので、もし興味があったらご自身で調べて、直接それぞれにお話を聞きに行くのも良いと思います。何を隠そう、私もこうしたサービスを活用しています。私は為替のアナリストですが、資産運用やライフプランニングの組み立て方の専門家ではありません。積極的にこうした方々の知見を取り入れ、自分の運用に活かすようにしています。

この相談や学習を、年を取ってからではなく、若いうちからやっていけば、「将来の安心のために今はどれだけ何を頑張れば良いのか」という部分がより明確化します。そうやって人生の早い段階から老後に対する漠然とした不安が和らげば、過剰に節約することも避けられ、心に余裕を持つことができるでしょう。心に余裕を持つことは、情報を受け止める上で非常に重要です。世の中の流れ、例えば政治や物価、金融市場の動向などを見るときに、感情的にならず、冷静に様々な情報を吸収することができれば、自分の生き方にとって「より良いアイディア」が浮かぶ可能性が高まります。

ここまで議論してきたように、インフレ、円安はここ数年の日本人にとって重大な不安要素でしたし、これが今後も我々の家計を圧迫する可能性は残ります。しかし、この問題だろうが別の問題だろうが、最も重要なことは「様々な状況を分析した情報をどう受け止め、その状況を乗り超えていくために自らがどう考え、どう動くのか」という点なのではないかと思うのです。

難しく考えすぎる必要はありません。本書ではこれまで、外国為替市場、特にドル円相場におけるここ数年の動きを説明し、長期的に作用する構造的な要因と、短期～中期に向けたリスクについてお話ししてきました。これは言うなれば「現状の立ち位置」の確認です。そして本章では、情報収集やリスク分散の方法に触れてきました。これは、「これからどう生きていくのか」の準備です。基本的に、資産運用は人生を豊かに生きていくために資産を活用することを目的に行うものです。「自分がどれくらいリスクを取れるのか」「運用期間はどれくらいなのか」「どれくらい先から、どのように取り崩していくのか」を勘案しながら資産対象と時間を分散し、あとは状況を眺めて調整していく、というシンプルなものになります。ここで重要になるのは、「柔軟性」です。

最後に、私の好きな言葉を紹介したいと思います。「進化論」で知られる英国の地質学者、チャールズ・ロバート・ダーウィンの名言です。

〝It is not the strongest of the species that survives, nor the most intelligent that survives. It is the one that is most adaptable to change.〟

(生き残る種とは、最も強い種でも、最も賢い種でもない。最も変化に適応したものだ)

今後、トランプ米大統領を台風の目に激動すると思われる世界経済の中、皆さんが変化に適応し、人生をより豊かにできることを願ってやみません。

おわりに

私が仕事として金融市場を見るようになったのは２００７年1月以降、とある商品先物相場の新聞社で貴金属及び外国為替担当の記者になったことがスタートでした。その2年後の２００９年から、縁あって為替のアナリストとしてのキャリアをスタートさせ、外国為替相場を調査分析しています。

その間、ＢＮＰパリバ・ショック（２００７年）、リーマン・ショック（２００８年）、ギリシャ・ショックから始まる欧州債務問題（２００９年〜）、ドル安・円高の進行を受けて約6年半ぶりの本邦為替介入（２０１０年）、東日本大震災（２０１１年）、第二次安倍政権発足（２０１２年）、ロシアによるクリミア侵攻（２０１４年）、チャイナ・ショック（２０１５年）、英国民投票でのＥＵ離脱決定及び米国の大統領選（２０１６年）、米国発の貿易戦争（２０１８年〜）、新型コロナ・パンデミック（２０２０年）、ロシアのウクライナ侵攻（２０２２

年〜）など、本当に様々な出来事があり、それが世界の実体経済や金融市場に大きな影響を及ぼした様子なども見てきました。
私はそれらを、個人投資家の皆さんやメディア、そして私が現在所属しているソニーフィナンシャルグループ株式会社のグループ会社の社員やそのお客様に対して、なるべくわかりやすくお伝えすることを仕事としています。

本書では、トランプ氏が掲げている政策がインフレ加速に寄与しやすい点に触れており、スタグフレーション（インフレ加速と景気悪化が同時に起こる事象）が懸念される状況ではあります。しかし、トランプ氏の政策は場合によっては「適温経済（景気が過熱しても冷え込んでもいない、ちょうどよい経済状態）」をもたらす可能性もあります。どのタイミングで、どんな強度で、どの政策が打ち出され、それがどのようなスピードで推し進められるのかはトランプ氏次第。どんな結果がもたらされるかは、世界各国とトランプ氏がどのように対話し、どのような合意に達するのか（または達しないのか）、そしてその時の経済環境次第と言えます。

外国為替レートは2国間の通貨の交換レートであり、2国間の政治経済事情に加えて、金融市場全体、世界経済全体の情勢の影響なども絡み合うため、日常的に外国為替に触れる仕事をしている我々にとっても相場分析は簡単ではありません。実際、株や債券の専門家の方々からもよく「為替はよくわからない」と言われたりします。トランプ氏の米大統領返り咲きによって、「よくわからない」がさらに強まったように思います。

ただ、外国為替相場を知ることは、世界各国の情勢について高いアンテナを立てることに繋がると私は考えています。私はこの世界に入り、為替を知る中で、世界の政治経済のニュースがとても身近に、とても面白く感じられるようになりました。ぜひこの面白さを多くの方々に知っていただきたいと、常々考えています。ここまでお読みいただいた皆さんにとって、本著が「足場固め」の一助となれば、これ以上のことはありません。

なお、私が所属するソニーフィナンシャルグループ株式会社のホームページでは広くレポートを公開しています（https://www.sonyfg.co.jp/ja/market_report/）。私個人としてはXで情報発信（@KumiIshikawa_FX）をしています。また、メディア出演や講演登壇なども随時行っています。今後もレポートやSNS、メディア出演や講演、そして機会があればさらなる書籍執筆などで、皆さんの情報アップデートをお手伝いできれば幸いです。

本著は私の初めての単著になります。この挑戦にあたり、様々な方々にご協力いただきました。ソニーフィナンシャルグループ株式会社金融市場調査部の上司・同僚たち、その他金融市場関係者の諸先輩の皆さんには、多くの助言や、データ提供などをいただきました。さらに、執筆のチャンスをくださった株式会社マイナビ出版の田島孝二様には、根気強く導いていただきました。厚く御礼を申し上げます。そして2024年1月の出産後すぐに職場復帰した私が、さらに持ち帰った「著書執筆」という大きなプロジェクトを快く応援してくれた夫と母、娘にも心から感謝いたします。

石川久美子

●著者プロフィール
石川 久美子（いしかわ・くみこ）
ソニーフィナンシャルグループ株式会社　金融市場調査部　シニアアナリスト。商品先物専門紙での貴金属および外国為替担当の編集記者を経て、2009年4月に外為どっとコムに入社し、外為どっとコム総合研究所の立ち上げに参画。同年6月から同社研究員として、外国為替相場について調査・分析を行う。2016年11月より現職。外国為替市場に関するレポート執筆の他、テレビ東京「Newsモーニングサテライト」など多数のテレビやラジオ番組に出演し、金融市場の解説を行う。また、Xでの情報発信（@KumiIshikawa_FX）なども行っている。

マイナビ新書
円安はいつまで続くのか
為替で世界を読む

2025年4月30日　初版第1刷発行

著　者　石川久美子
発行者　角竹輝紀
発行所　株式会社マイナビ出版
〒101-0003　東京都千代田区一ツ橋2-6-3　一ツ橋ビル2F
TEL 0480-38-6872（注文専用ダイヤル）
TEL 03-3556-2731（販売部）
TEL 03-3556-2738（編集部）
E-Mail pc-books@mynavi.jp（質問用）
URL https://book.mynavi.jp/

装幀　小口翔平＋神田つぐみ（tobufune）
DTP　富宗治
印刷・製本　中央精版印刷株式会社

 ISBN978-4-8399-8787-9
Printed in Japan